NOUVEAU
THÉATRE
FRANÇOIS.

FRANÇOIS II.

ROI DE FRANCE.

EN CINQ ACTES.

M. DCC. XLVII.

PRÉFACE.

LE Théatre Anglois de Shakespehar m'a donné l'idée de cet Ouvrage ; mais comme je n'ai pas dû me flatter d'atteindre aux beautés vraies & touchantes de ce grand Poëte, sur-tout écrivant en prose, aussi n'ai-je pas eu de peine à en éviter les grossieretés & les extravagances. On sait que Shakespehar ignoroit absolument toutes les régles de son art, ces régles qui ne sont point du tout de fantaisie, qui ont été faites d'après la réussite, & qui ne se sont accréditées que par le succès. La Nature qui fut le seul guide de cet Auteur, ne lui avoit appris que ce qu'elle sait ; c'est-à-dire à peindre les passions : & l'art qui lui étoit inconnu, n'avoit pû lui découvrir les secrets qui font valoir la Nature même : ainsi l'unité de lieu & l'unité d'action, il ne s'en doutoit pas ; encore moins se croyoit-il astraint à la régle des vingt-quatre heures ; ce qui fait aussi qu'en même tems qu'il étoit un très-grand Poëte, ses Piéces de Théatre sont des espéces de monstres dans ce genre.

Mais comme les monstres mêmes sont utiles dans l'anatomie, les Tragédies de Shakespehar m'ont fait appercevoir un genre d'utilité auquel je n'aurois jamais pensé sans lui. Tout rappelle à notre esprit les objets où il se plaît davantage : & comme je m'occupe assez volontiers de l'Histoire, je n'ai presque vû que cela dans Shakespehar. J'ai été surpris de trouver, par exemple, dans sa Tragédie de Henri VI. qui assurément n'est pas une de ses meilleures, le développement assez net des événemens fameux de la *Rose Rouge* & de la *Rose Blanche*.

Le grand défaut de l'Histoire est de n'être qu'un récit : & il faut convenir que les mêmes faits racontés, s'ils étoient mis en action, auroient bien une autre force, & sur-tout porteroient bien une autre clarté à l'esprit. En voyant la Tragédie de Henri VI. j'eus de la curiosité de rapprendre dans cette Piéce tout l'historique de la vie de ce Prince, mêlée de révolutions si contraires l'une à l'autre, & ſi ſubites, qu'on les confond preſque toujours malgré qu'on en ait. Un Roi détrôné, & remis ſur le Trône quatre fois dans le court eſpace de quelques années ; des Princes défaits tour-à-tour, & tour-à-tour les maîtres du Royaume ; la Couronne changeant de tête tous les ſix mois ; tout cela ne s'apperçoit pas aiſément dans une narration, & ne ſe place avec ordre dans la mémoire que très-difficilement : & j'avoue que cent fois j'ai ſû ces faits, & cent fois je les ai oubliés. J'ai donc lû Shakeſpehar dans l'intention de me les bien repréſenter ; & ſi ma curioſité n'a pas été tout-à-fait ſatisfaite, j'ai ſenti que ce n'étoit pas la faute du genre : j'ai trouvé les faits à-peu-près à leurs dates : j'ai vû les principaux perſonnages de ce tems-là mis en action, ils ont joué devant moi ; j'ai reconnu leurs mœurs, leurs intérêts, leurs paſſions qu'ils m'ont appriſes eux-mêmes : & tout-à-coup oubliant que je liſois une Tragédie, & Shakeſpehar lui-même aidant à mon erreur par l'extrême différence qu'il y a de ſa Piéce à une tragédie, je me ſuis crû avec un

Hiſtorien, & je me ſuis dit : Pourquoi notre Hiſtoire n'eſt-elle pas écrite ainſi ? Et comment cette penſée n'eſt-elle venue à perſonne ?

Il n'étoit pas difficile d'en imaginer les raiſons ; on travaille ordinairement pour ſe faire de la réputation : un Poëte veut faire une bonne Tragédie, un Hiſtorien une bonne Hiſtoire, & l'ouvrage en queſtion ne ſeroit ni l'un ni l'autre : en ſeroit-il moins utile pour cela ? C'eſt ce que j'ai peine à croire ; mais l'Auteur ſeroit moins célébre, quelque fût ſon talent : il ne ſeroit mis ni au rang de Corneille & de Racine, ni dans celui de Tite-Live & de M. de Thou : il eſt vrai qu'il s'inſtruiroit bien plus ſûrement lui-même par cette voie, & qu'il inſtruiroit mieux les autres, & que ſe faiſant ſur-tout un devoir eſſentiel de ne jamais altérer les faits, quand même il en devroit naître des beautés, on pourroit y avoir recours comme à un véritable Hiſtorien, ſoit pour bien connoître les vrais motifs de ceux qui ont agi, ſoit pour être inſtruit ſûrement des circonſtances, ſoit enfin pour retirer le véritable fruit de l'Hiſtoire par la morale qui résulte des faits : mais, encore une fois, c'est ne travailler que pour l'utilité publique ; & les hommes qui aiment infiniment mieux être amusés qu'instruits, ne mesurent guéres leur reconnoissance qu'à leur plaisir : on diroit toujours, ce n'est là ni une Histoire, ni une Tragédie ; & il faudroit bien en convenir.

Mais quoi, ne faut-il donc rien hazarder ? Et les genres sont-ils tellement épuisés, qu'il ne puisse plus y en avoir de nouveaux ? L'exemple même de Shakespehar ne doit-il pas encourager, quand on voit jusqu'à quel point il a plû à un Peuple aussi spirituel que le Peuple Anglois ? L'Histoire nous instruit, à la vérité, mais elle nous instruit froidement parce qu'elle ne fait que nous *raconter*, & souvent elle le fait confusément, quelque ordre qu'ait pu y apporter l'Historien, parce qu'elle ne séjourne pas assez sur les événemens, qu'un fait chasse l'autre, & qu'un personnage fuit presque aussi-tôt qu'il a été apperçû. La Tragédie a un défaut contraire, tout aussi grand pour qui veut s'instruire, & dont pourtant, avec raison, elle fait sa premiére régle, c'eſt de ne peindre qu'une action principale, & ainſi que la Peinture de n'avoir qu'un moment; parce qu'en effet c'eſt par ce ſecret qu'elle recueille tout notre intérêt, qui ſe refroidit quand l'imagination ſe proméne ſur pluſieurs actions différentes. Ainſi l'Hiſtoire peint froidement, par rapport à la Tragédie, une ſuite longue & exacte d'événemens; & la Tragédie, vuide de faits, par comparaiſon à l'Hiſtoire, nous peint fortement le ſeul événement qu'elle a entrepris de nous repréſenter.

Ne pourroit-il pas réſulter de leur union quelque choſe d'utile & d'agréable? C'eſt ce que j'ai tenté dans l'Eſſai que je donne aujourd'hui. Le pis qui puiſſe arriver, c'eſt que je me ſois trompé, & il n'y a pas grand mal : je prierai ſeulement ceux qui liront cet Ouvrage, de vouloir bien diſtinguer dans une Tragédie deux ſortes d'intérêts, l'un général, & l'autre de détail. L'intérêt *général*, tel qu'on ſe le propoſe dans une véritable Tragédie, ne ſauroit ſe trouver ici par le manque d'unité d'action; & c'étoit là un des défauts des Tragédies de Shakeſpehar, à moins qu'on ne voulût appliquer cet intérêt *général* ſur la totalité d'un Régne, & regarder le Régne comme un perſonnage qui ſeroit heureux ou malheureux, de même que l'on dit le Régne *malheureux de Charles VI. & le beau Régne de Louis XIV.* L'intérêt de détail eſt différent, car il ne tient point du tout à l'unité d'action, & c'eſt auſſi où le Poëte Anglois eſt inimitable : je ne parle plus de ſa Tragédie de Henri VI. qui eſt une des plus foibles, mais je parle de ſes autres Tragédies qui ſont pleines de feu, de chaleur & de paſſions, & qui égalent en cette partie nos meilleures Piéces : on peut voir ſur cela la belle Préface qui précéde la traduction de cet Auteur.

Je dis donc, qu'abandonnant toute prétention d'Auteur Tragique, un Hiſtorien qui, au lieu de raconter des faits, les mettroit en action, trouveroit en même tems le ſecret d'inſtruire mieux que ne le fait ordinairement l'Hiſtoire, & d'exciter dans l'ame des ſpectateurs la terreur & la pitié, ces deux grands mobiles de la Tragédie.

Cela n'eſt pas difficile à prouver, il n'y auroit qu'à trouver un génie aſſez vaſte pour remplir ces deux objets. Les converſations admirables que l'on trouve dans Corneille, ont leurs beautés indépendantes de toutes les régles dramatiques : on ſe plaît à voir enſemble Sertorius & Pompée diſcutant les plus grands intérêts ; Auguſte délibérant avec Cinna & Maxime s'il quittera l'Empire, ou apprenant à ce même Cinna qu'il eſt inſtruit de toute la conjuration : Agrippine rappellant à Néron dans Racine, l'hiſtoire de ſon tems, & lui reprochant tous les crimes dont elle s'eſt chargée pour élever à l'Empire un fils qui n'eſt qu'un ingrat : la converſation de Jocaſte & d'Œdippe, dans l'Auteur moderne, où ils ſe diſent pour ſe raſſurer tout ce qui apprend aux ſpectateurs qu'ils ſont coupables ; & ainſi des autres. Pourquoi ne trouvera-t-on pas dans notre Hiſtoire d'auſſi grands intérêts à traiter, & d'auſſi grandes paſſions à peindre ? Il eſt vrai que l'on n'eſt point accoutumé à voir ſur nos Théatres l'Amiral de Coligni, Catherine de Médicis, le Duc de Guiſe, &c.

& qu'il y a un respect pour les noms & pour les faits anciens dont l'intérêt profite : mais ce seroit une habitude bien-tôt prise, & le Comte d'Essex est encore plus moderne que Louis I. Prince de Condé. Croira-t-on que l'on ne vît pas avec plaisir ces personnages mis ensemble ? Est-ce que le Cardinal de Lorraine & le Duc de Guise, méditant la perte du Prince de Condé, ne sont pas aussi intéressans que les confidens de Ptolomée délibérant sur la mort de Pompée ? Est-ce que Catherine de Médicis ne vaut pas bien la Cléopatre de Rodogune, & l'Agrippine de Néron ? Et pour sortir du Régne de François II. est-ce que Charles-Quint, Élizabeth, François I. Henri IV. &c. ne sont pas des Héros à mettre à côté de Nicoméde, de Sertorius, de Stilicon & de Mitridate, &c ? Je ne dis pas seulement pour leur héroïsme, mais par les événemens qu'ils ont produits. Est-ce, enfin, que la France ne vaut pas le Pont, la Bithinie, &c ?

Cependant, comme il ne faut pas dans les nouveaux établissemens laisser voir jusqu'où on veut aller, de peur d'y trouver trop d'opposition, j'ai crû devoir respecter avec raison les préjugés justement établis au sujet du Poëme Dramatique : & j'ai choisi pour cela le Régne de François II. La régle des vingt-quatre heures n'y est pas observée, à la vérité, puisque ce Régne a été de 17. mois; mais l'entreprise est moins criante que si j'avois choisi le Régne de François I. qui a duré 32. ans, ou celui de Henri IV. qui en a duré 21. D'ailleurs, quoiqu'il n'y ait point d'unité d'action, comme l'intérêt général de ce Régne est l'ambition de Messieurs de Guise voulant usurper l'autorité sur les Princes du Sang, cela ressemble un peu plus à nos Tragédies, que le Régne de François I. mêlé d'événemens contraires, & d'intérêts successifs qui changent à tous momens la face des affaires.

Une autre raison qui m'a déterminé à choisir le Régne de François II. c'est qu'on y voit la source des malheurs qui inondérent les Régnes suivans, & le germe des passions par qui ils furent produits, & que par-là ce Régne attire une grande attention ; ainſi que dans Britannicus on voit les commencemens du plus horrible Régne qui fut jamais.

Je dois dire un mot du ſoin que j'ai apporté à ne rien omettre d'eſſentiel de tout ce qui s'eſt paſſé tant qu'a vécu François II. en même tems que je ne me ſuis pas permis la plus légére altération dans les faits, ni le moindre anachroniſme, quand même j'aurois pu en tirer quelque avantage pour la compoſition de ma Piéce : j'ai lû tous les Hiſtoriens qui en ont écrit, & tous les Mémoires du tems, j'en ai fait une eſpéce de *concordance* ; & tout cela a produit un tout auquel on peut ajouter foi autant que l'Hiſtoire le peut mériter. Cela entraîne quelquefois des détails néceſſaires, mais alors je prie de ſonger qu'on ne lit pas une Tragédie ; & d'ailleurs, quand j'ai vû que ces détails pourroient me mener trop loin, je les ai placés dans des notes. Si j'ai choiſi quelques perſonnages épiſodiques, au moins ne les ai-je pas choiſis comme Shakeſpehar parmi les portefaix & la ſoldateſque. J'ai introduit Luc Gauric, cet Aſtrologue célébre du XVIe. Siécle, qui a fait tant de prédictions admirables, dont je ne crois pas un mot, mais ausquelles je donne dans la Piéce toute la créance que l'on y donnoit alors, à commencer par l'illustre M. de Thou. Il est vrai que je n'ai pas à me reprocher de n'avoir pas usé de cette créance, j'ai profité, & peut-être j'ai encore été au-delà de l'opinion folle où l'on étoit de la science de cet homme, & je m'en suis servi pour prévenir des faits curieux & intéressans, & pour peindre en passant quelques-uns des traits marqués des Régnes de Charles IX. & de Henri III. tels que la Saint Barthelemi, & l'assassinat du dernier des Valois, qui sans cela n'auroient pu trouver place sous le Régne de leur aîné, & que l'on sera, je crois, bien aise de retrouver ici. Hors cette conversation de Gauric avec Catherine, qui n'est pas véritable parce que Gauric n'est jamais venu en France, mais qui n'est pas contre la vraisemblance, parce qu'il y pouvoit venir, qu'il avoit des relations avec Catherine, & qu'il ne mourut qu'après le voyage que je suppose, je crois pouvoir assurer qu'il n'y a pas un fait, une circonstance, une opinion, un sentiment, qui ne soient fondés dans l'Histoire.

On a donné à cet Ouvrage le titre de *Théatre François*, à l'imitation de celui de *Théatre Anglois*, pour faire voir que c'est le Théatre Anglois qui en a donné l'idée: je souhaite, pour le profit de l'Histoire, que quelqu'un soit tenté de suivre cette idée; il n'en sera sûrement pas rebuté par la difficulté de faire mieux, & il trouvera sans peine les moyens de perfectionner ce nouveau genre. Je le répete encore, ce n'est point une Tragédie que j'ai prétendu faire, cette prétention seroit absurde, c'est une nouvelle maniére de peindre les faits, qui peut avoir son avantage, & qu'il y auroit, ce me semble, bien de l'humeur à désaprouver.

Je n'ai point fait paroître le Roi François II. parce que ce Prince à peine sorti de l'enfance, & toujours malade, n'eut aucune influence dans les affaires de son Régne qui ne dura que 17. mois, & n'auroit pu jouer un rôle convenable dans cette Piéce: voici comme en parle Mezerai. » Ses ser-

» viteurs, à cauſe de l'innocence de ſes » mœurs, l'appellérent *le Roi ſans vice*, titre » plus glorieux que tout autre qu'on puiſſe » donner, quand il a pour fondement, non » pas l'imbécillité d'eſprit, mais la ſageſſe » & la vertu «. Enfin, ſi l'on entend dans cette Hiſtoire des Proteſtans parler avec témérité, on n'en devra pas être ſurpris, c'eſt leur langage que le lecteur réfuteroit bien de lui-même, mais que j'ai grand ſoin de détruire par les choſes que je fais dire aux perſonnages orthodoxes & autoriſés, tels que le Chancelier Olivier, & autres.

ARGUMENT.

ARGUMENT.

LE sujet de cette Piéce est la jalousie des Princes du Sang contre Messieurs de Guise, qui s'étoient emparés du gouvernement de l'Etat sous le Régne de François II.

Claude de Guise est le premier de cette illustre Maison qui s'est établi en France; François I. le fit Duc & Pair, & il eut, entr'autres enfans, François Duc de Guise, le Cardinal de Lorraine, Marie femme du Roi d'Ecosse. François Duc de Guise qui paroît dans cette Piéce, avoit épousé la fille du Duc de Ferrare, & de Renée fille de Louis XII. Sa niéce, fille du Roi d'Ecosse, étoit Marie Stuard femme de François II. Il fut tué par Poltrot au Siége d'Orléans, & laissa pour fils Henri de Guise, dit le Balafré, tué à Blois.

De quelques traits que je peigne l'ambition de Messieurs de Guise, je n'en dis point trop, & je ne fais que copier tout ce qui a été écrit à ce sujet. L'ambition étoit la passion dominante de ce tems-là, elle supposoit de grands vices & de grandes vertus; & ce qui seroit regardé au-

jourd'hui comme une témérité insensée, se trouvoit autorisé alors par la foiblesse du Gouvernement. Catherine de Médicis elle-même, qui ne devoit pas avoir de plus grand intérêt que de réunir tous les esprits sous l'autorité de son fils, Médicis étoit ambitieuse, & parut toujours à la tête d'un parti. Les tems ont bien changé. Les Princes du Sang ont joint aux vertus de leurs ancêtres l'obéissance la plus scrupuleuse, & les descendans de Claude Duc de Guise, car la postérité de François & de Henri est éteinte, en se montrant par leurs talens & par leur courage dignes du sang dont ils sont nés, ont bien effacé depuis les fautes des Princes de leur nom, par leur attachement signalé pour la France & pour la personne de nos Rois.

FRANÇOIS II.

ACTEURS.

CATHERINE DE MÉDICIS.
LE ROI DE NAVARRE.
LE PRINCE DE CONDÉ.
LA DUCHESSE DE MONTPENSIER.
LE CARDINAL DE LORRAINE.
LE DUC DE GUISE.
LA DUCHESSE DE GUISE.
LE DUC DE NEMOURS.
LE CONNÉTABLE DE MONTMORENCI.
LE CHANCELIER OLIVIER.
LE MARÉCHAL DE SAINT ANDRÉ.
LE MARÉCHAL DE BRISSAC.
L'AMIRAL DE COLIGNI.
DANDELOT.
LUC GAURIC.
LA TROUSSE, Prevôt de l'Hôtel.
LA ROCHE DU MAINE.
BRICHANTEAU DE BEAUVAIS.
MARILLAC, } Avocats au Parlement.
AVENEL, }
UN HUISSIER du Cabinet de la Reine.
LA MARE, Valet-de-chambre du feu Roi.
UN ÉCUYER de la Duchesse de Guise.

FRANÇOIS II.

ACTE PREMIER.

La Scéne est au Palais des Tournelles. Tous les Portiques que l'on avoit élevés pour les Fêtes des mariages (a) *& pour les tournois, sont tendus de deuil. Le corps du feu Roi est sous le principal Portique.* *De Thou, La Place.*

SCENE PREMIERE.

LE CONNÉTABLE DE MONTMORENCI,
LE MARÉCHAL DE SAINT ANDRÉ.

LE MARÉCHAL DE SAINT ANDRÉ *regardant le cercueil.*

VOILA donc tout ce qui reste de ce grand Roi! Malheureuse France, ta force est réduite à un en-

(*a*) Ces mariages étoient ceux d'Elizabeth fille du Roi avec Philippe II. & de Marguerite sa sœur avec le Duc de Savoie.

ſant (*a*) ! Princeſſe infortunée (*b*), que vos larmes ſont bien dûes à un époux qui étoit ſi digne d'être aimé !

LE CONNÉTABLE.

Vous la plaignez beaucoup.

LE MARÉCHAL.

Oui, ſans doute. Elle perd l'objet de ſes affections, & elle ſe trouve, tout-à-coup, tranſportée du milieu des fêtes & des plaiſirs, qui étoient ſon élément, dans le tourbillon des orages d'une minorité.

LE CONNÉTABLE.

Maréchal de Saint André, que vous connoiſſez peu la Reine ! Le Connétable de Montmorenci l'a vûe de plus près : apprenez de moi à la juger. C'eſt un eſprit vaſte & profond, une ame ferme & indomptable, & qui, malgré ſa roideur, ſait ſe plier, & prendre toutes les formes qui lui ſont utiles ; elle a les qualités de toutes les ſituations où elle ſe trouve, & l'ambition de tous les états (*c*). Quand elle vint en France, elle n'avoit autre choſe à faire que de plaire à ſon beau-pere (*d*) ; elle arrivoit dans une Cour brillante, dont la galanterie faiſoit la principale occupation ; nulle femme ne l'égala dans l'art de plaire, & d'en imaginer les moyens : art fatal, qui ne périt plus, & qui ne fait que ſe perfectionner dès qu'une fois il a été inventé. François I. aimoit la chaſſe : nulle Dame de la Cour ne manioit mieux

Brantoſme, De Thou, &c.

(*a*) François II. avoit 16. ans.
(*b*) Catherine de Médicis.
(*c*) *Fœmina vaſti animi, & ſuperbi luxûs.* (De Thou.)
(*d*) François I.

un cheval que Catherine. Il se plaisoit aux tournois, elle en eût disputé le prix aux Seigneurs de la Cour les plus adroits, & les plus exercés : il aimoit le bal & la danse, elle n'y connoissoit point d'égale. Henri devient Roi, il a une maîtresse (*a*) plus âgée que son amant, & qui l'avoit subjugué par une espéce d'enchantement ; Catherine, incapable de jalousie, quoiqu'elle aimât son mari, devient l'amie, la confidente, & peut-être même la complaisante de Diane de Poitiers sa rivale. Aujourd'hui la face de la France a changé : la mort funeste du Roi vient de mettre sa femme à la tête des affaires ; vous l'allez voir appliquée, sérieuse, absolue, jalouse de l'autorité, haute, ou affable, selon ses besoins, renfermée dans elle seule, ayant l'air de se livrer, & échappant tout-à-coup. Seigneur, je la connois, elle ne m'a jamais trompé un moment ; son grand amour pour son mari ne m'a point imposé : & quoiqu'il ne soit pas vrai que j'aye dit, ainsi qu'on a voulu me l'imputer, que de tous les enfans du feu Roi, il n'y avoit qu'une fille naturelle qui lui ressemblât, je n'en ai pas moins pensé que Catherine n'aimoit essentiellement que l'autorité : & que la galanterie, si elle en

De Thou, Mezerai, &c.

Mezerai.

(*a*) Diane de Poitiers, fille de Jean de Poitiers, Comte de Saint Vallier, vint à la Cour sous le régne de François I. pour y solliciter la grace de son pere, qu'elle obtint. Elle fut maîtresse de Henri II. dont elle n'eut point d'enfans. Elle eut deux filles de son mari Louis de Brézé : l'aînée, Antoinette, épousa le Duc d'Anville, troisiéme fils du Connétable de Montmorenci ; & la cadette, nommée Louise, épousa le Duc d'Aumale : elle étoit née avec le siécle, ainsi à l'avénement de Henri II. à la Couronne, qui étoit âgé de 29. ans, elle en avoit 47. Elle mourut en 1566. & fut enterrée à Anet, où elle avoit choisi sa sépulture.

a eu, n'étoit qu'un hazard ou un amuſement dans ſa vie, & jamais une paſſion.

LE MARÉCHAL.

Et toutes ces femmes qu'elle traîne après elle, & dont la réputation eſt très-équivoque, Mademoiſelle de Chateauneuf, Mademoiſelle d'Elbœuf, Madame de Sauve (*a*), Mademoiſelle de Limeuil, Mademoiſelle de Roüet (*b*); ſont-ce là les amies d'une femme ſérieuſe?

LE CONNÉTABLE.

Elle s'en amuſoit auparavant, & aujourd'hui elle s'en ſervira pour tirer le ſecret de tous nos jeunes gens de la Cour.

LE MARÉCHAL.

Seigneur, nous pouvons parler avec confiance; & nous ſommes occupés de trop grands intérêts, pour que nous cherchions à nous abuſer l'un & l'autre par de vains diſcours. Il y a beaucoup de choſes vraies dans ce que vous dites de Médicis; mais la paſſion ne vous aveugle-t-elle pas un peu? Accoutumé à être le premier homme de la Cour, favori ſucceſſivement de deux Rois, vous vous voyez aujourd'hui négligé La perſonne du jeune Roi vient d'être confiée au Duc de Guiſe, & au Cardinal ſon frere: ce ſont eux qui du Palais des Tournelles, viennent de l'emmener au Louvre. On vous a laiſſé ici comme par mépris auprès du corps de Henri, &

Mezerai. *Mezerai.* *De Thou.*

(*a*) Femme du Sécrétaire d'Etat. Le Roi de Navarre & le Duc d'Alençon en étoient amoureux, & cette rivalité les rendit ennemis.

(*b*) Elle eut un fils d'Antoine de Bourbon, Roi de Navarre, nommé Charles de Bourbon, qui fut Archevêque de Rouen.

l'Aubespine est venu vous redemander le cachet du Roi. D'ailleurs, allié à la Duchesse de Valentinois, de qui vous deviez attendre la continuation de votre faveur, qui commençoit à baisser, vous ne devez pas pardonner à la Reine le traitement qu'elle vient de lui faire éprouver, quoiqu'en vérité elle se le soit bien attiré. Il n'eût tenu qu'à Diane de conserver les bontés de Medicis, & peut-être d'intéresser le public, si, au lieu d'être absolue, avide, vindicative, infidéle enfin à un Prince qui ne vivoit que pour elle, elle eût été bienfaisante, modeste, désintéressée, & qu'elle eût borné sa faveur à en jouir; elle en avoit un si bel exemple dans Agnès Sorel! Mais, malgré cela, je comprens que la vengeance que l'on en tire aujourd'hui doit vous irriter contre Catherine.

De Thou, Mezerai.

Mezerai.

LE CONNÉTABLE.

Et d'autant plus que, sans vous rappeller les services personnels que j'ai rendus à la Reine (*a*), & que vous savez comme moi, je ne vois pas pourquoi mon alliance avec Diane me feroit plus de tort auprès de Catherine, qu'elle n'en fait à Messieurs de Guise (*b*); leur frere le Duc d'Aumale vient d'épouser une fille de la Duchesse, en est-il moins bien avec la Reine, non plus que ses freres?

(*a*) Il avoit négocié le mariage de Médicis, & avoit empêché depuis, que sous prétexte de stérilité elle ne fût renvoyée. (*La Planche.*)

(*b*) Messieurs de Guise étoient fils de Claude Duc de Guise, qui vint s'établir en France. Il eut de sa femme Antoinette de Bourbon, François de Guise, le Cardinal de Lorraine, le Duc d'Aumale, le Cardinal de Guise, François de Lorraine Grand Prieur, René, tige des Ducs d'Elbœuf, Marie, mere de Marie Stuard, &c. (*Le P. Anselme.*)

LE MARÉCHAL.

Non ſans doute : mais vous ignorez donc la conduite qu'ils tiennent ? Le Roi n'étoit pas encore mort, qu'oubliant leurs liaiſons, & reconnoiſſant à peine cette perſonne, dont ils étoient il y a deux jours les ſerviteurs les plus dévoués, ils ont été les premiers à s'élever contr'elle. D'ailleurs, la Reine doit ſe trouver bienheureuſe que Meſſieurs de Guiſe ſe donnent la peine de la rechercher avec tant de ſoin ; ils n'ont plus beſoin de perſonne à la Cour. Marie Stuard, la fille de leur ſœur, Princeſſe plus ambitieuſe que ne le comporte ſon âge, & maîtreſſe abſolue de l'eſprit du jeune Roi ſon mari, va ſe gouverner par leurs conſeils, & Catherine les recherchera tout autant qu'ils la ménageront. Mais, Seigneur, quel parti nous faut-il prendre dans de pareilles circonſtances ? Si les Guiſes deviennent les maîtres, que vont devenir les Princes du Sang ? Le Roi de Navarre, quelque peu d'ambition qu'il ait toujours montré, laiſſera-t-il tranquillement Meſſieurs de Guiſe s'emparer de la Cour & des affaires ? Son frere (a) le Prince de Condé, ce Prince dont les lumiéres égalent la valeur, n'agira-t-il point ?

De Thou, Mezerai.

De Thou.

LE CONNÉTABLE.

C'eſt ce qu'il faudra voir, & ce qui m'occupe.

LE MARÉCHAL.

Vous me connoiſſez : juſqu'ici je n'ai été qu'au Roi ; la faveur de Meſſieurs de Guiſe ne m'a point impoſé ; vous-même, vous ne m'avez point vû vous

(a) Louis I.

rechercher. Content de bien ſervir l'Etat, & peut-être auſſi préférant mon plaiſir au métier de courtiſan, j'ai crû pouvoir me partager entre la guerre & les amuſemens ; il ne m'en reſte que de la gloire, & une fortune fort dérangée : & j'apprens trop tard, qu'un homme ſeul à la Cour, ſans cabale & ſans intrigue, eſt comme un pilote ſans matelot, dont tout l'art ne peut vaincre les tempêtes.

LE CONNÉTABLE.

Je crois qu'en effet votre intérêt eſt de vous attacher aux Princes du Sang : & je puis vous dire, ſans craindre d'être commis, parce que ce ne peut plus être un ſecret, que ſi-tôt que j'ai vû le Roi bleſſé, j'ai mandé le Roi de Navarre (*a*), qui, comme vous ſavez, eſt dans le fond du Bearn ; qu'excitant ſa pareſſe, je l'ai preſſé de venir prendre le gouvernement de l'Etat, pour empêcher que des Etrangers, toujours moins intéreſſés à notre gloire que les vrais François, ne s'emparaſſent du miniſtére. J'attens ſa réponſe avec impatience, pour me régler ſur le parti que je dois prendre avec la Reine. Mais je vois le Prince de Condé.

LE MARÉCHAL.

Je vous laiſſe enſemble.

(*a*) C'eſt le pere de Henri IV.

SCENE II.

LE PRINCE DE CONDÉ, LE CONNÉTABLE DE MONTMORENCI.

LE CONNÉTABLE.

HÉ bien, Seigneur, Meſſieurs de Guiſe vont-ils être nos maîtres? Et croyez-vous que le Roi de Navarre votre frere ne daignera pas s'y oppoſer?

LE P. DE CONDÉ.

De Thou, Mezerai.

Mon frere, courageux ſans doute, mais de ce courage inutile, qui ne paſſe point du cœur à l'eſprit, ou n'agira pas, ou agira mollement, ce qui eſt pis encore que l'inaction. Le Duc de Guiſe ſent tous ſes avantages, & ſaura bien en profiter; plus dangereux que le Cardinal de Lorraine ſon frere, homme impétueux & violent, il ſaura gagner le peuple par des airs doux & modérés, & autoriſera par ſon adreſſe tous les projets hardis que la haine qu'on a pour ſon frere auroit fait échouer.

LE CONNÉTABLE.

Mais quoi, le Prince de Condé n'inſpirera-t-il pas au Roi de Navarre quelques-uns de ces traits de force & de lumiére qui l'ont rendu l'admiration de ſon ſiécle?

LE P. DE CONDÉ.

On ne conſeille point un homme foible, ou on

le conſeille en vain. Il eſt même dangereux de faire entreprendre à quelqu'un au-delà de ſes forces, il ſuccombe en chemin, & entraîne avec lui tous ceux qui s'y ſont livrés.

SCENE III.

LE PRINCE DE CONDÉ, LE CONNÉTABLE DE MONTMORENCI, LA MARE, *Valet-de-chambre du feu Roi.*

LE P. DE CONDÉ.

QUE veut cet homme?

LE CONNÉTABLE.

C'eſt lui que j'ai envoyé au Roi votre frere, c'étoit un valet-de-chambre du feu Roi; il eſt homme d'eſprit, & à qui on peut ſe fier. Hé bien, la Mare, quelle réponſe me rapportez-vous du Roi de Navarre? *De Thou, La Place.*

LA MARE.

Seigneur, quoique ma diligence ait été grande, j'aurois pu cependant être encore plûtôt de retour: mais le Roi de Navarre, après m'avoir entretenu long-tems à mon arrivée, & m'avoir dit que j'allaſſe attendre ſa réponſe, m'a voulu revoir à pluſieurs repriſes, m'a accablé de queſtions, ſouvent les mêmes, ſur la poſition de la Cour; & enfin, après bien des remiſes, ſans vouloir me donner de lettre, s'eſt contenté de me faire une réponse verbale.

LE P. DE CONDÉ.

Je reconnois mon frere. Hé bien, que dit-il?

LA MARE.

Qu'il ne doit point venir à la Cour, que les funérailles du Roi ne soient achevées.

LE P. DE CONDÉ.

Pourquoi cela?

LA MARE *en s'adressant au Connétable.*

Qu'il ne doit point prendre de confiance dans un homme qui n'a fait aucune mention de lui dans le dernier Traité de paix.

De Thou.

LE P. DE CONDÉ.

Est-ce de quoi il s'agit aujourd'hui? Et sont-ce là des raisons?

LA MARE.

Qu'il est étonné que l'on s'adresse à lui, comme s'il pouvoit oublier que c'est Monsieur le Connétable qui lui a fait ôter ses Gouvernemens pour s'en emparer (*a*).

Mezerai.

LE CONNÉTABLE.

Mais, si je m'adresse à lui, & si je m'intéresse à sa gloire, outre qu'il est du sang de mes Maîtres, a-t-il oublié l'honneur que j'ai de lui appartenir par le mariage que vous avez contracté avec Éléonore de Roye ma niéce (*b*)? Et, si je lui suis suspect

(*a*) Ce fut pour punir ce Prince d'avoir refusé de changer ses Etats de Béarn avec d'autres situés dans le milieu de la France, que le Roi lui ôta les Gouvernemens de Guyenne, de Languedoc & de Toulouse qui furent donnés au Connétable.

(*b*) La sœur utérine du Connétable avoit épousé le Comte de Rouci. (*Le P. Simplicien.*)

aujourd'hui, à qui de la Cour voudra-t-il se fier ?

LE P. DE CONDÉ.

Mais, la Mare, ne vous a-t-il rien dit pour moi ?

LA MARE.

Rien.

LE P. DE CONDÉ.

Où l'avez-vous laissé ?

LA MARE.

A Vendosme, d'où il s'avance ici à petites journées.

LE P. DE CONDÉ.

Cela suffit.

SCENE IV.

LE PRINCE DE CONDÉ, LE CONNÉTABLE DE MONTMORENCI,

LE P. DE CONDÉ.

VOUS voyez comme l'on peut compter sur le Roi de Navarre.

LE CONNÉTABLE.

J'avois crû devoir lui rendre cette marque de respect & d'attachement ; & je me flattois que dans les circonstances présentes, où tout se range du côté des Guises, il auroit été sensible aux avances du Connétable de Montmorenci. Vieilli dans la Cour, & dans les Armées, je n'ai jamais recherché personne : son nom, votre réputation, Seigneur, voilà les reſſources que j'imaginois contre les uſurpateurs de l'autorité ; & je n'ai pas craint de faire des avances aux ſeuls hommes capables de ſauver le Royaume. Mais, Seigneur, ſi votre frere refuſe de vous ſeconder, abandonnerez-vous pour cela le ſoin de la patrie ? Et verrez-vous tranquillement des Étrangers s'enrichir des tréſors de l'État, tandis que vous, du ſang de nos Rois, n'avez ni penſion, ni gouvernement, ni patrimoine.

LE P. DE CONDÉ.

Je ne m'explique pas : mais il eſt encore, & plus que jamais, des ames généreuſes qui ne ſont pas faites pour plier ſous un joug tyrannique. En vain le Duc de Guiſe & ſon frere le Cardinal font ſonner bien haut leur zéle pour la Religion, & cherchent à perdre dans l'eſprit du Roi, ſous de vains prétextes, tous ceux à qui ils imputent l'amour des nouveautés, & qu'ils traitent de ſectaires & de rébelles, parce qu'ils ne ſont ni les eſclaves de Rome, ni les leurs (*a*). Dandelot & l'Amiral de Coligni ſon frere, qui nous ſont alliés à vous & à moi, le brave Jarnac, le Vidame de Chartres, & tant d'autres ſujets fidéles, ſe plairont à voir à leur tête le défenſeur de l'autorité Royale. Pour vous, Connétable, à qui je me découvre ſans peine, parce que vous avez autant & plus de raiſon que moi de vous défier de Médicis, voyez quel parti vous voulez prendre. Le Maréchal de Saint André qui vient de vous quitter, m'eſt ſuſpect ; c'eſt un avanturier ſans foi & ſans principes, & qui ſera toujours prêt à ſe vendre

De Thou, Mezerai, Daniel, LeGend. &c.

(*a*) C'eſt un Prince proteſtant qui parle.

par l'état de sa fortune, que son luxe & ses débauches ont détruite; ainsi il n'y a rien à en attendre, & peut-être recherche-t-il déjà les Guises.

LE CONNÉTABLE.

Ne vous y trompez pas; (*a*) c'est un homme d'un grand poids, que le Maréchal de Saint André, par son éclat à la Guerre; & je ne puis m'empêcher de reconnoître, que, si je l'avois crû, je n'eusse pas été battu à Saint Quentin. Votre parti n'est pas assez fort pour négliger un pareil appui: il m'a recherché, & j'ai voulu le bien traiter pour vous l'acquérir, ou du moins pour l'enlever aux Guises. D'ailleurs, je ne sais point dissimuler mes sentimens; & s'il redisoit mes discours, il ne feroit que m'épargner la peine de les apprendre à d'autres: mais je le connois comme vous, on ne le perd ni on ne le gagne, & il n'est jamais décidé que par le présent; c'est pour cela que l'on ne court pas de risque à l'écouter: & fût-il aux Guises, ce ne seroit pas une raison pour qu'il ne revînt pas à nous. Telles sont les circonstances présentes, & tels sont les hommes d'aujourd'hui, on ne les voit pas mourir dans le parti où ils ont vécu (*b*).

Mais, Seigneur, avant de prendre un parti, ne faudroit-il pas que la Reine entendît parler de vous? Vous avez auprès d'elle la Duchesse de Montpen-

(*a*) M. de Thou dit qu'il avoit le courage grand & l'esprit de même, aimoit extraordinairement le bien & les plaisirs, ayant vécu sous le Roi Henri II. dans le luxe & la magnificence, aux dépens de l'Etat & des particuliers.

(*b*) En effet, le Maréchal de Saint André fut lié depuis avec ce même Connétable, & avec le Duc de Guise, & cela s'appella le Triumvirat, auquel se joignit le Roi de Navarre.

ſier : cette Princeſſe joint (*a*) un eſprit profond à un courage élevé ; elle aime à plaire ſans être frivole, comme la plûpart des femmes : & le Prince de Condé, galant comme il l'eſt, pourroit-il mieux employer les graces qu'il a reçûes de la nature, qu'à ſe procurer au moins pour amie la perſonne du monde qui a le plus de crédit ſur Médicis ? La Maréchale de Saint André en aura quelque inquiétude (*b*), voilà un grand malheur !

LE P. DE CONDÉ.

Sans doute, Madame de Montpenſier n'eſt pas à négliger ; & femme d'un Prince du Sang, il eſt de ſa gloire de s'intéreſſer à nous.

(*a*) Elle étoit fille de Jean de Longwik, Seigneur de Givri ; & il ne la faut pas confondre avec Catherine de Lorraine, femme en ſecondes nôces du même Duc de Montpenſier, & l'ennemie déclarée de Henri III. M. de Thou en fait un grand éloge.

(*b*) Marguerite de Luſtrac, femme du Maréchal de Saint André (Jacques d'Albon), » étoit une femme folle d'ambition & de va» nité, & de plus huguenotte, laquelle croyant devenir Princeſſe » donna, après la mort de ſon mari, la Terre de Valeri au Prince » de Condé, qui ſe mocqua d'elle. (*Le Laboureur ſur Caſtelnau.*) » Qui voyoit de ce temps-là, dit Brantoſme, Valeri meublé, n'en » pouvoit aſſez eſtimer les richeſſes .... Elle les donna au Prince » de Condé, avec ladite maiſon de Valeri, tout en pur don, pen» ſant l'épouſer .... Ne voulant accomplir le mariage entre ſa fille » & M. de Guiſe ..... eſpérant épouſer, elle M. le Prince, & ſa » fille le Marquis de Conti, depuis Henri I. Prince de Condé. Tant » y a que ce fut là une libéralité qu'une grande Empériere ou Reine » n'en eût voulu uſer.

Il n'eſt pas vrai, comme on l'a dit, que le don de la Terre de Valeri au Prince de Condé, ait été fait ſous la bizarre condition que cette Terre deviendroit la ſépulture de la Maiſon de Condé. La preuve s'en tire, 1°. des termes de Brantoſme, qui dit que cette Terre fut donnée *tout en pur don*, par conſéquent ſans condition. 2°. De ce que ce Prince n'y fut point enterré, & que l'uſage de porter les Condés à Valeri, n'a commencé qu'à ſon fils Henri. Ainſi on doit regarder comme un conte le mot que l'on a fait dire à cette Maréchale : *Si je ne puis l'avoir vivant, je l'aurai mort.*

LE CONNÉTABLE.

Auſſi je ne doute pas qu'elle ne le faſſe.

LE P. DE CONDÉ.

Verrez-vous la Reine ?

LE CONNÉTABLE.

J'y vais dans le moment, & j'attendrai pour me déterminer, que j'aye pénétré, s'il eſt poſſible, quels ſont ſes projets.

SCENE V.

La Scéne eſt au Louvre, dans l'appartement de la Reine.

LA REINE, LE CONNÉTABLE.

LA REINE.

CONNÉTABLE, je ſuis très-aiſe de vous voir, & j'oublie aujourd'hui tous les ſujets que vous m'avez donnés de me plaindre de vous.

LE CONNÉTABLE.

Moi, Madame ?

LA REINE.

N'en parlons plus ; vous ſavez avec quelle témérité vous avez oſé attaquer ma conduite auprès du Roi mon époux.

LE CONNÉTABLE.

Avez-vous pû ajouter foi....

LA REINE.

Sans doute votre intérêt vous faisoit parler alors, pour rendre plus chere au Roi la fille qu'il avoit eue de Philippe Duc, & que votre fils avoit épousée. Cet excès d'audace, qui retombe sur mes enfans, mériteroit la mort; mais le souvenir du Roi, qui vous aimoit, & que vous avez bien servi, l'emporte sur tous mes ressentimens.

De Thou, Mezerai.

La Planche, De Thou.

LE CONNÉTABLE.

Une semblable indulgence est un affront sanglant pour un homme tel que moi.

LA REINE.

Les tems sont un peu changés, mais la vertu ne change point; & je m'assure que le Roi mon fils peut compter sur votre fidélité.

LE CONNÉTABLE.

Qu'il me soit permis d'agir, Madame, & de lui marquer mon zéle, & il me verra le même dans les conseils & dans les armées.

LA REINE.

Vous y seriez utile, sans doute, & les fautes que vous fîtes lors du passage de Charles-Quint à Paris, & à la Journée de Saint Quentin, vous auront été d'une grande instruction.

LE CONNÉTABLE.

Madame, je ne me reproche point d'avoir crû (*a*) l'ennemi de mon maître aussi généreux que lui.

(*a*) L'Empereur avoit demandé passage par la France pour aller punir la révolte des Gantois, & avoit promis, dès qu'il seroit en Flandre, de donner au Roi l'investiture du Milanès pour celui de ses enfans qu'il voudroit. Le Cardinal de Tournon ne vouloit pas que l'on se contentât d'une simple promesse, & le Connétable au contraire

Pour

Pour la Bataille de Saint Quentin, Votre Majesté peut-elle la rappeller ? Est-ce ma faute, si M. de Guise, appuyé de la Duchesse de Valentinois, fait rompre, par un infidélité manifeste, la tréve avec l'Espagne, afin d'avoir le commandement de l'armée d'Italie, où il comptoit de faire valoir de prétendus droits de sa maison sur le Royaume de Naples ? Les Espagnols irrités de ce manque de parole, entrent subitement en France ; & on n'imputera qu'à moi le hazard d'une guerre, dont l'ambition seule de Messieurs de Guise a été la cause, & où je ne rougis point d'avouer que mon zéle m'emporta trop loin ?

De Thou, Mezerai, Varillas, Chalons, Daniel, Le Gendre.

LA REINE.

Ces souvenirs que je rappelle, sont une vengeance bien douce de la légereté de vos discours. Brisons là. Vous venez d'entendre à l'audience que le Roi a donnée aux Députés du Parlement, quelles sont ses volontés ; il leur a déclaré qu'il avoit choisi le Duc de Guise & le Cardinal de Lorraine son frere, pour gouverner son État ; que le premier auroit soin des affaires de la guerre, & l'autre de celles des finances, & qu'à l'avenir il falloit s'adresser à eux.

De Thou, Mezerai.

LE CONNÉTABLE.

Oui, Madame, j'ai entendu ces paroles. Mais Votre Majesté a-t-elle oublié que François I. avertit en mourant le Roi son fils & votre époux d'être en garde contre l'ambition des Guises, & de les

De Thou, Mezerai.

fut d'avis de s'en tenir à la parole de ce Prince. Charles-Quint se mocqua de ses engagemens, & le Roi s'en prit au Connétable que l'on soupçonna de s'être laissé gagner par la Reine Eléonore sœur de l'Empereur.

éloigner de l'administration des affaires ; qu'il n'y a pas trois mois le feu Roi avoit résolu de les renvoyer aussi-tôt après que la cérémonie des mariages seroit faite ? Et me sera-t-il permis de vous représenter, quelque respect que j'aye pour les volontés de mon maître, qu'il est bien jeune encore pour se choisir lui-même ses Ministres ? Je n'examine pas qui a pû lui inspirer ce parti, s'il est utile pour l'État d'être gouverné par des Étrangers, si vous-même n'élevez pas contre vous une Puissance qu'il ne vous sera pas aisé de détruire. Je ne vous dirai pas que la jeune Reine rend ses oncles bien indépendans, & qu'en vous conformant aux loix & aux usages de ce Royaume, qui, avec la Régence, vous donnent pour principaux conseillers les Princes du Sang, il eût semblé que Votre Majesté auroit agi plus conformément à ses intérêts. Les Princes du Sang, Madame, auront toujours besoin de vous auprès du Roi, & Messieurs de Guise travailleront à ne dépendre que d'eux-mêmes.

LA REINE.

Messieurs de Guise ont fait leur preuve de zéle & de capacité : quant à mes intérêts, doivent-ils entrer pour quelque chose dans les vûes générales de l'État ? Le Roi mon fils est majeur, c'est à lui à se choisir ses Ministres, & à moi d'obéir. Pour vous, vous devez être assuré, & je vous parle au nom du Roi, que vous aurez une place honorable dans son Conseil, lorsque votre santé vous permettra d'y assister.

LE CONNÉTABLE.

Une place honorable! Eh, en peut-il être une pour moi à la ſuite de ceux que j'ai toujours commandés, & ne déshonorerois-je pas ma Charge en marchant après eux? Non, Madame, je m'abſtiendrai de venir au Conſeil tant qu'il ſubſiſtera tel qu'il eſt; mais je ſerai toujours prêt à exécuter, avec autant de zéle que de promptitude, les commandemens du Roi; &, quoiqu'en puiſſent dire mes ennemis, il me retrouvera tel que m'ont vû ſon pere & ſon ayeul.

LA REINE.

Je ne reçois point vos refus, vous y penſerez; mais je ſuis bien aiſe, pour la gloire de mon fils, de vous expoſer quelles ſont les premiéres opérations de ſon Régne, je vais vous en lire le précis.

On ôte les Sceaux à Bertrandi (*a*), ce digne favori de Madame de Valentinois, & l'on rappelle le Chancelier Olivier, dont les mœurs, les lumiéres, les talens, la douceur & la parfaite intégrité ſont connus. *De Thou, Mezerai.*

(*a*) Bertrandi, que l'on avoit fait venir de Toulouſe à la recommandation du Connétable, avoit été Premier Préſident à la place de Lizet qui avoit déplû à Meſſieurs de Guiſe, & qui reſta ſi pauvre, qu'il n'avoit pas acquis, diſoit-il, autant de terre qu'il y en avoit ſous la plante de ſes piéds; l'Abbaye de Saint Victor lui fut donnée pour prix de ſa démiſſion. La fortune de Bertrandi n'en demeura pas là: cet homme n'avoit cependant d'autre mérite que d'être affable, poli, à l'égard de tout le monde ſans diſtinction, & magnifique à l'excès. On ôta les Sceaux à François Olivier, qui refuſa conſtamment de donner la démiſſion de ſon Office de Chancelier, & on créa pour la premiére fois en faveur de Bertrandi un Office de Garde des Sceaux, qui juſques-là n'avoit été poſſédé que par commiſſion.

LE CONNÉTABLE *à part.*

Mezerai. Dieu veuille qu'il ne reconnoiſſe pas tôt ou tard qu'il a été rappellé à la ſervitude plûtôt qu'à *la libre jonction du Chef de la Juſtice!*

LA REINE.

De Thou, Mezerai. Voici un Édit qui défend aux particuliers l'uſage des armes à feu.

LE CONNÉTABLE *à part.*

Meſſieurs de Guiſe ſongent à leur ſûreté.

LA REINE.

Le Roi, par un autre Édit, réunit à ſon Domaine ce qui en avoit été démembré.

LE CONNÉTABLE.

Mezerai. Cet Édit eſt bien ſage, Madame, mais il faut que Votre Majeſté ait attention que ce ne ſoit pas un prétexte de gratifier qui l'on voudra, & de ſe faire des créatures à vos dépens & aux dépens du Roi.

LA REINE.

De Thou. Sans doute. Enfin en voilà un dernier : Le Roi voulant qu'il n'y ait dans toutes les Cours du Royaume, que des Juges d'une intégrité reconnue, & qui joignent à la probité la ſcience des loix, ordonne qu'à l'avenir, lorſqu'il ſe trouvera une place vacante par mort, les Juges lui préſenteront trois Sujets vertueux & éclairés, entre leſquels Sa Majeſté en choiſira un.

LE CONNÉTABLE.

O illuſtre Chancelier, digne d'un meilleur tems! Cette loi, Madame, pourvû qu'elle ſoit exécutée, doit ſeule immortaliſer le Régne du Roi, ſi la

Juſtice eſt la premiére vertu des Souverains.

LA REINE.

De plus, le Cardinal de Tournon eſt rappellé dans le Conſeil; c'eſt un homme d'une rare prudence, & conſommé dans les affaires : vous ſavez qu'il avoit la principale autorité ſous le Roi mon beau-pere, mais j'oublie que vous ne l'aimez pas. *Mezerai.* *De Thou, Mezerai.*

LE CONNÉTABLE.

Je n'en rens pas moins juſtice à ce qu'il vaut; & peut-être les ſentimens qu'on m'impute ne lui ont-ils pas nui auprès de Meſſieurs de Guiſe?

LA REINE.

Je finirai par la ſage réſolution que le Roi a priſe de ne plus accumuler les Emplois; c'eſt rendre inutiles les bons ſujets, & s'ôter les moyens de les récompenſer, que de mettre tant de dignités ſur la tête d'un ſeul. Vous ſavez mieux que perſonne, que le feu Roi a rendu un Édit à ce ſujet, puiſque vous le fîtes valoir alors contre le Maréchal d'Annebaut, qui n'eſt pas de vos amis, & que vous forçâtes de renoncer au Bâton de Maréchal de France. Coligni s'eſt déja exécuté, & il a opté pour le Gouvernement de l'Iſle de France, en remettant celui de Picardie. *Mezerai.*

LE CONNÉTABLE.

J'entens, Madame; on en veut à mes Emplois: mais quel eſt le plus envié? Veut-on que je ceſſe d'être Connétable?

LA REINE.

A Dieu ne plaiſe!

LE CONNÉTABLE.

De Thou, Mezerai.

C'est-à-dire que je dois remettre ma Charge de Grand Maître de la Maison du Roi.

LA REINE.

Je vous le conseille.

LE CONNÉTABLE.

Mais mon fils, Madame, à qui le feu Roi en a accordé la survivance, comme une principale partie de la dot de sa fille naturelle qu'il lui a fait épouser ?

LA REINE.

De Thou, Mezerai.

On y a pourvû; & le Roi, par une distinction singuliére, veut bien le faire Maréchal de France surnuméraire (*a*).

LE CONNÉTABLE.

Et ma Charge de Grand Maître, oserois-je demander à Votre Majesté à qui on la donne ?...... Au Duc de Guise, sans doute ?

LA REINE.

Mezerai.

Oui; il en a déja fait les fonctions durant votre prison, & les fait tous les jours en votre absence.

LE CONNÉTABLE.

Il suffit, Madame; il ne reste que le mérite de l'obéissance la plus prompte, à qui est privé des occasions de servir son Roi.

LA REINE.

Non, Monsieur le Connétable, ne croyez pas que

(*a*) Le nombre des Maréchaux de France étoit fixe alors, mais le Connétable qu'on ne laissoit pas de ménager, fit si bien, que, sans se fier à une expectative de Cour, son fils fut pourvû de l'état de Maréchal de France, établi extraordinairement, avec suppression du premier état de Maréchal qui vacqueroit.

le Roi renonce à vos ſervices; des hommes tels que vous ſont trop rares pour que l'on s'en prive (*a*).

[*Il ſort.*]

(*a*) Le Connétable, Anne de Montmorenci, ſervit ſous cinq Rois, & eut grande part au gouvernement de l'Etat ſous François I. & ſous Henri II. Sa ſage conduite lorſque Charles-Quint deſcendit en Provence, fut le plus bel endroit de ſa vie; il fut bleſſé en 1567. le 10. Novembre à la Bataille de Saint Denis, & mourut le troiſiéme jour, c'eſt-à-dire, le 12. de ce mois, de ſes bleſſures : il étoit âgé, non pas de 80. ans, comme le diſent la plûpart des Hiſtoriens, mais ſeulement de 74. ainſi qu'il eſt expreſſément marqué dans ſon épitaphe gravée ſur une plaque de cuivre, qui fut d'abord attachée à ſon tombeau dans l'Egliſe de Montmorenci, & qui a depuis été tranſportée dans la Sacriſtie de cette même Egliſe. La Bataille de Saint Denis qu'il donna, & dont les deux partis ſe diſputérent l'honneur, étoit la huitiéme où ce Général s'étoit trouvé, & la troiſiéme où il avoit commandé en perſonne : malgré ſon grand âge, & huit bleſſures qu'il reçut dans cette derniére, il eut encore la force de caſſer, du pommeau de ſon épée, trois dents à Robert Stuard qui lui avoit lâché un coup de piſtolet dans les reins.

Il eut cinq fils & pluſieurs filles de Magdelaine de Savoye, fille de René, Baſtard de Savoye, & Dame-d'honneur de la Reine Eliſabeth d'Autriche : les mâles furent François Maréchal Duc de Montmorenci; Henri qui fut Pair, Maréchal de France & Connétable; Charles qui fut fait Duc d'Anville & Amiral de France; Montbron, & Thoré. On lui rendit, à ſa mort, des honneurs qu'on ne rend qu'aux Souverains : on porta ſon effigie à ſes funérailles, & il eût été enterré à Saint Denis, ſi par ſon teſtament il n'avoit pas ordonné ſa ſépulture dans l'Egliſe de Montmorenci. C'étoit un grand homme de guerre, mais on lui reprochoit un peu de lenteur, qui l'empêchoit de donner aux Troupes une certaine vivacité néceſſaire pour vaincre, & de pourſuivre ſa victoire après avoir vaincu. La Reine l'avoit toujours craint, & ne l'avoit jamais aimé.

SCENE VI.

LA REINE, LA DUCHESSE DE MONTPENSIER *entre par le cabinet de la Reine.*

LA D. DE MONTPENSIER.

L'HOMME qui ſort ne me paroît pas content.

LA REINE.

Comment voudriez-vous qu'il le fût?

LA D. DE MONTPENSIER.

Le Prince de Condé, à qui ſans doute il va porter ſon chagrin, ne le ſera pas davantage.

LA REINE.

Et ils auront raiſon. Ma chere Montpenſier, je ſuis bien à plaindre, & c'eſt un grand malheur de n'avoir à ſe décider qu'entre des inconvéniens à-peu-près égaux : le parti que l'on préfere devient à l'inſtant le pire, par la révolte qu'excite cette préférence dans l'eſprit de ceux que l'on a négligés. *Mezerai.*

LA D. DE MONTPENSIER.

Oui, Madame, Votre Majeſté eſt à plaindre, & d'autant plus qu'elle l'eſt par ce qui devroit rendre ſon Régne glorieux. Jamais tant de grands hommes n'environnérent le Trône, & ce qui en fait ordinairement la puiſſance, en ſera peut-être aujourd'hui la deſtruction. La jalouſie des talens, qui cauſe *Mezerai.*

l'émulation sous un Régne affermi, n'est, sous un Prince foible, que la source des troubles & des dissensions; & ce concours de personnages illustres ne produit que des téméraires, qui, prétendant tous à l'autorité, commencent par la diviser, & finissent par l'anéantir.

LA REINE.

Il étoit pourtant impossible de ne pas donner l'autorité à quelqu'un.

LA D. DE MONTPENSIER.

Pourquoi ne la pas garder pour vous?

LA REINE.

Et me l'auroit-on laissée?

LA D. DE MONTPENSIER.

Du moins à choses égales, & dans l'incertitude du succès, faut-il se déterminer pour le parti qui semble le plus juste?

LA REINE.

C'est-à-dire qu'il falloit m'exposer à me voir disputer l'autorité par ceux qui avoient le plus de droit de la partager; n'étoit-il pas plus raisonnable de n'y associer que des hommes, qui, n'y ayant aucun droit, me ménageroient davantage? D'ailleurs, voyez quels sont aujourd'hui les Princes du Sang. Le Roi de Navarre, un homme foible, conduit par Descars (*a*) & l'Évêque de Mande, qui me rendent

(*a*) Descars étoit Chambellan du Roi de Navarre, & l'Evêque de Mande, bâtard du feu Chancelier Duprat, étoit Maître des Requêtes, & chef de son Conseil.

compte de tout; votre mari (*b*) dont j'ai fait la fortune; le Prince de la Roche-sur-Yon, dont la femme est ma Dame-d'honneur : vous voyez qu'il n'y a parmi eux que le Prince de Condé qu'après tout je pourrai réduire; au lieu que de l'autre côté il y a le Duc de Guise, le Cardinal de Lorraine, leur niéce ma belle-fille, qui peut beaucoup sur l'esprit du jeune Roi son mari; le brave Duc de Nemours, le Duc de Nevers, & tout ce que vous connoissez.

LA D. DE MONTPENSIER.

Et comptez-vous pour rien les trois Chastillons alliés aux Condés, le Connétable de Montmorenci, l'amour des soldats, le Maréchal de Saint André?

LA REINE.

De Thou. Celui-ci est aux Guises; &, dans la crainte d'être accablé par ses créanciers, il vient de se démettre entre leurs mains de la propriété de tous ses biens, dont on lui laisse l'usufruit en mariant sa fille avec un fils du Duc de Guise. D'ailleurs, songez-vous ce que c'étoit que de me livrer aux Princes du Sang? Vous auriez vû sur le champ dans le Conseil, comme *Varillas.* vous le dites vous-même, le Cardinal de Chastillon, l'Amiral de Coligni, Dandelot, les trois Chefs de la Religion nouvelle, dont le Roi de Navarre est infecté.

(*b*) Jacqueline, fille de Jean de Longwic Seigneur de Givri, Princesse de Montpensier, se distingua par un courage & une prudence au-dessus de son sexe, & eut le crédit de faire rendre à son mari le Duc de Montpensier, le Duché de Chatelleraut, le Comté de Forêt, le Dauphiné d'Auvergne, la Seigneurie de Beaujolois, la Baronnie de Dombes, & autres grandes Terres qui avoient été confisquées sur le Connétable de Bourbon, oncle maternel du Duc de Montpensier : elle fut bisayeule de la femme de Gaston. (*Varillas.*)

LA D. DE MONTPENSIER.

Le Roi de Navarre ! Je ne le crois pas.

LA REINE.

Mais le Prince de Condé du moins ; & quelle Religion !

LA D. DE MONTPENSIER.

Je conviens qu'elle détruit de fond en comble la véritable.

LA REINE.

Ce n'eſt pas là de quoi il s'agit ; mais c'eſt une Religion dont le génie populaire tend à renverſer tous les fondemens de l'autorité. Cet eſprit particulier qui en fait le principe, s'étend ſur tout : quand on s'eſt établi l'arbitre de ſa croyance, on n'eſt pas loin de s'ériger en juges de ceux qui gouvernent. Une Religion anarchique enfante des ſujets indociles ; l'héréſie, ſur-tout, dans un grand état, ne produit que des Républicains, car les petits Princes s'en peuvent ſauver ; ajoutez à cela, que je mettois contre moi tout le Clergé.

LA D. DE MONTPENSIER.

Madame, ne vous y trompez pas ; vous auriez eu peut-être, & ſans doute, le Clergé contre vous, mais ç'auroient été du moins des ennemis déclarés ; au lieu que vous aurez aujourd'hui dans le Clergé des ennemis cachés, qui ſeront bien plus dangereux.

LA REINE.

Comment ?

LA D. DE MONTPENSIER.

Le Clergé eſt ſûr de Meſſieurs de Guiſe, parce que leur intérêt eſt de défendre la Religion Ro- *De Thou.*

maine, dès que les Princes du Sang cherchent à introduire le Calvinifme ; par conféquent le Clergé eft à eux : ils ne font pas fi fûrs de vous qui pouvez changer de parti ; de forte que Meffieurs de Guife feront toujours les maîtres de vous rendre fufpecte à ce Corps redoutable, qui deviendra d'autant plus fort contre vous, que vous voudrez avoir l'air de le ménager.

LA REINE.

Hé bien, Ducheffe, nous verrons. Si Meffieurs de Guife me caufent trop d'embarras, il faudra fe rejetter du côté du Prince de Condé ; &, au pis aller, en balançant les uns par les autres, & en leur donnant de la jaloufie tour-à-tour, je les affoiblirai mutuellement, & mon autorité s'accroîtra de leur divifion. Qu'ils fe gardent tous d'irriter Médicis, il leur en coûteroit cher pour me connoître. A armes égales, je ne ferai que politique ; mais fi l'on ofoit me réfifter en face, Ducheffe, l'Italie qui m'apprit l'art de feindre, m'apprit auffi celui de me venger.

LA D. DE MONTPENSIER.

Ah! Madame, vous préferve le Ciel de pareilles extrémités!

LA REINE.

Je ne chercherai point la vengeance, mais je ne l'appellerai jamais en vain.

LA D. DE MONTPENSIER.

Mais, Madame, la fanté du Roi, nous n'en parlons point ; n'eft-ce pas une grande matiére à réfléxions dans tant de perplexités?

LA REINE.

C'eſt un frein de plus pour les Guiſes, dont la grande force vient aujourd'hui de ce qu'ils ont leur niéce pour femme du Roi, & qui en prévoyant comme nous un événement funeſte, doivent me ménager pour un avenir, où ils retomberoient dans la foule des courtiſans ordinaires, & redeviendroient de ſimples particuliers..... Avez-vous vû Gauric ?

LA D. DE MONTPENSIER.

Oui, Madame, je l'ai fait conduire à Vincennes, & on l'a introduit ſecretement chez le Prince Charles (*a*), chez le Prince Henri, & chez leur frere le jeune Duc d'Alençon.

LA REINE.

Il a auſſi vû mes filles ?

LA D. DE MONTPENSIER.

Je l'y ai mené moi-même, & je l'y ai laiſſé ſeul.

LA REINE.

Vous riez de ma crédulité.

LA D. DE MONTPENSIER.

Non, je n'en ris point; je conviens qu'il y a des choſes ſurprenantes dans cet homme, on ne ſauroit nier les faits; mais en même tems Votre Majeſté ſent mieux que moi tout ce qu'il y a à dire à ce ſujet.

LA REINE.

La mort du feu Roi.... n'eſt-ce pas une prédiction bien extraordinaire ?

(*a*) Ce fut depuis Charles IX.

LA D. DE MONTPENSIER.

J'en conviens.

LA REINE.

Hélas! Cher & malheureux Prince, vous méprisâtes mes craintes, & vous négligeâtes mes pronostics.

LA D. DE MONTPENSIER.

Et qu'auroit-il pû faire en y ajoutant foi?

LA REINE.

Vous savez que nous partons pour Saint Germain, allez vous préparer; j'y suivrai le Roi, que je crois de mon devoir de ne pas abandonner absolument à Messieurs de Guise. Il m'est revenu que l'on critiquoit ce voyage, & que l'on me blâmoit de sortir, contre l'usage, de mon appartement avant les quarante jours; mais dès que l'on a crû que le Roi devoit quitter Paris, il falloit bien que je le suivisse.

Varillas.

Fin du premier Acte.

ACTE II.

SCENE PREMIERE.

Le Théatre repréſente le Château de Saint Germain.

LE DUC DE GUISE, LE CARDINAL DE LORRAINE.

LE DUC DE GUISE.

J'ESPERE qu'il ſe le tiendra pour dit, que nous en voilà défaits, & que le dégoût qu'il vient d'eſſuyer le renverra dans le fond du Béarn, d'où ſon frere avoit eu aſſez de peine à le tirer.

LE CARDINAL. (a)

Comment cela s'eſt-il paſſé ?

(a) *Lotharingus Card. homo inquieto ac rerum novarum cupido ingenio, & ſi ferociam bellicam demas, Caraſæ ipſi non abſimilis* ...... *Ultra modum inſolens ac vehemens erat Caroli Card. animus* ...... (d'un caractére impétueux & violent.) *Vir multis & raris animi ſimul ac corporis dotibus præditus, ſed levitate inſita, & omnem modum ſupergreſſa ambitione non-ſolum Galliæ., ſed ſuis fatalis ; ad hæc ſumme tota vita inæqualis, & in proſperis inſolens, in adverſis infractus* .... (inſolent dans la proſpérité, abattu dans la diſgrace.) *Verùm ingenium otii impatiens, & rerum novarum appetens, in perpetua inconſtantia tanquam in ſalo fluctuabat, & dum præſentia faſtidit, præfuturorum ac incertorum deſiderio nunquam quieſcebat* ...... *Proteſtantium partibus apud nos ſemper infeſtus, Sacri Ordinis veluti Patrocinium ſuſcepit, cui poſtremo gravis* .... *Utrique parti æque inviſus, in ſummo omnium odio è vita migravit.* (Egalement odieux aux deux partis, il em-

LE DUC DE GUISE.

Ayant appris l'arrivée du Roi de Navarre, j'ai eu attention de mener le Roi à la chasse d'un autre côté, afin qu'il ne le rencontrât pas : comme j'accompagnois le Roi, j'avois une raison de ne pas m'éloigner. Le Roi de Navarre est arrivé sans que j'aye été au-devant de lui, comme c'est l'usage, & sans même lui avoir fait marquer de logement suivant sa dignité.

De Thou, Mezerai.

LE CARDINAL.

Cela est fort bien.

LE DUC DE GUISE.

Le Maréchal de Saint André a voulu me faire entendre que je devois lui céder le logement que j'occupe, qui est le plus considérable de la Cour & qui appartient à ma charge, j'ai déclaré publiquement que je perdrois plûtôt la vie que de souffrir qu'il me fût ôté.

LE CARDINAL.

Vous étes dans la régle. Et où loge-t-il ?

LE DUC DE GUISE.

Mezerai.

Il a été un moment sur le point de s'en retourner, mais le Maréchal de Saint André lui a cédé son logement.

porta avec lui la haine des uns & des autres.) *Thuanus, Libr.* XVI. XXIII. LIX. *Ann.* 1555. 1559. 1574.

(Par les témoignages même de ses gens) pour n'être jamais trompé, il falloit croire toujours tout le contraire de ce qu'il disoit. (*Journ. de Henri III. année* 1574.)

M. le Cardinal son frere (Duc de Guise) tout Ecclésiastique qu'il étoit, n'avoit pas l'ame si pure, mais fort brouillée...... De nature il étoit fort timide & poltron. (*Brantosme, Capitaines François, tome III.*)

LE

LE CARDINAL.

Et la Reine, que dit-elle à tout cela ?

LE DUC DE GUISE.

Catherine a paru un peu étonnée de la hauteur avec laquelle j'ai ſoutenu mes droits, mais elle en a trop fait pour changer ſi-tôt de ſentimens : cependant, comme toute notre faveur auprès d'elle n'a d'autre fondement que l'opinion où elle a été, que nous ſerions moins en état de lui diſputer la principale autorité, que n'auroient pû faire les Princes du Sang, il ne faut pas douter que ſa méfiance augmentant avec notre crédit, elle ne cherche à reprendre ſucceſſivement tout le pouvoir dont elle nous a aidés à nous emparer.

LE CARDINAL.

Cela lui ſera difficile.

LE DUC DE GUISE.

Oui, peut-être bien, auprès du Roi : la jeune Reine notre niéce n'agit que par nos impreſſions, & il n'a de volonté que la ſienne. Mais, mon frere, ce ne ſera pas auprès du Roi que Médicis cherchera à nous attaquer.

LE CARDINAL.

Comment ?

LE DUC DE GUISE.

Non, ſans doute : le Roi ſimple ſpectateur dans ſa Cour, n'y ſera que le témoin des ſcénes qui s'y joueront ; Médicis jalouſe relevera un parti qu'elle a commencé d'abattre. Et qui ſait l'uſage qu'elle veut faire des Princes du Sang & de la Religion ?

LE CARDINAL.

Cela pourroit être.

LE DUC DE GUISE.

Il faut la prévenir, & pour assurer notre autorité, mettre le peuple dans notre parti.

LE CARDINAL.

Et quelle voie imaginez-vous pour cela?

LE DUC DE GUISE.

De chercher à le gagner, de rendre notre gouvernement agréable, de lui faire oublier à force de bons traitemens, que nous n'étions pas faits pour lui commander.

LE CARDINAL.

Voilà des moyens bien frivoles.

LE DUC DE GUISE.

Quoi donc? Y a-t-il des moyens plus sûrs d'affermir son pouvoir, que de rendre ce pouvoir utile & agréable? Le Trésor Royal dont nous sommes les maîtres, nous donne cet avantage; voudriez-vous le négliger? Faisons-nous aimer, mon frere, & nous serons inébranlables.

LE CARDINAL.

Nous faire aimer! Vous connoissez bien le peuple? Et est-ce là le discours d'un homme d'État?

LE DUC DE GUISE.

Il est aisé d'entreprendre lorsqu'on laisse au courage des autres la difficulté de l'exécution, mais on ne s'avance qu'avec précaution lorsqu'on n'a jamais sû reculer. Expliquez-vous, vous avez apparemment de meilleurs moyens.

LE CARDINAL.

Oui, ſans doute.

LE DUC DE GUISE.

Mais pourvû que l'on ſoit le maître, cela ne ſuffit-il pas ?

LE CARDINAL.

Non ; dans les circonſtances où nous ſommes il faut faire ſentir le joug. Le peuple ſe croit independant quand ſon obéiſſance eſt volontaire ; il faut qu'il reconnoiſſe les fers auſquels il eſt attaché, qu'il avoue qu'il n'eſt pas libre, & qu'il ſente qu'il ne peut le devenir ; ſans cela il eſt ſuſceptible des impreſſions des mal-intentionnés, il ſe laiſſe aborder par la ſéduction, il ne lui paroît pas impoſſible de changer de domination : en un mot, moins ſon obéiſſance lui coûte, moins il ſait qu'il a un maître, & par conſéquent plus il eſt prêt d'en prendre un nouveau.

LE DUC DE GUISE.

Mon frere, voilà d'étranges maximes, on ne les pardonneroit pas à un tyran, & cependant un tyran auroit pour lui le prétexte de la ſoumiſſion qui lui eſt dûe, & ſes ſujets malheureux n'auroient d'autre droit que la plainte & les repréſentations. Mais nous, qui ſommes-nous ? Des Étrangers que la fortune a placés à côté du Trône, & qu'elle en peut faire tomber : des Étrangers que l'on peut attaquer ſans crime, parce que notre autorité n'eſt fondée ſur aucun droit divin ni humain : des Étrangers qui, entre nous, avons uſurpé un pouvoir qui ne nous appartenoit Boyle.

pas, & avons ôté le commandement aux Princes du Sang à qui il appartenoit.

LE CARDINAL.

Et c'eſt préciſément à cauſe de cela que nous ne devons rien ménager. Que ceux que leur naiſſance autoriſe à gouverner cherchent à plaire, cela leur eſt bien aiſé, ils ne courent aucun riſque; ils ont pour les défendre contre les ſéditieux dans l'eſprit des peuples, des droits reconnus par la Nation: mais nous, en qui tout eſt uſurpation, nous ne devons pas entreprendre à demi, la terreur nous tient lieu de droit, & nous ſerons bien-tôt mépriſés ſi nous ne ſommes pas craints.

LE DUC DE GUISE.

Juſqu'ici le Prince de Condé ne paroît que mécontent, & je ne vois pas encore qu'il cherche à rien entreprendre.

LE CARDINAL.

Mon frere, c'eſt là préciſément ce qui m'inquiéte. Le Prince de Condé tranquille eſt un homme dangereux; ſa prudence lui acquiert des partiſans, & ſon peu de crédit fait qu'on le plaint; nous ne ſaurions le perdre tant qu'il ne donnera point de priſe ſur lui: je veux de lui quelque révolte bien marquée, quelque action d'éclat qui puiſſe le rendre criminel auprès du Roi, & qui nous autoriſe à le traiter avec tant de rigueur, que le peuple ſoit détrompé du crédit qu'il ſuppoſe à un Prince du Sang.

LE DUC DE GUISE.

Cette révolte n'arrivera que trop tôt, & il eſt bien à craindre que l'abandon où le Roi le laiſſe ne le livre aux Proteſtans. Quel homme ce ſeroit, s'il avoit un parti! & que ce parti ſeroit puiſſant avec un pareil Chef!

LE CARDINAL.

J'en conviens, & nous devons nous y attendre. La fermentation que la nouvelle Religion a excitée dans les eſprits ne ſauroit tarder à produire des effets redoutables : mais, mon frere, comme nous ne ſommes pas les maîtres des circonſtances, il faut les faire ſervir à notre grandeur ; il faut que l'attachement des peuples pour l'ancien culte, auquel notre intérêt nous lie inviolablement, nous tienne lieu auprès d'eux de ce qui manque réellement à notre pouvoir, & que l'amour des nouveautés dégrade les Princes du Sang, & les dépouille de ce reſpect qui eſt devenu un préjugé inſurmontable dans la Nation.

LE DUC DE GUISE.

Voici l'heure du Conſeil, entrons : le Roi ne pourra y aſſiſter, il s'eſt ſenti plus mal (*a*) ; & ce matin, dans ſon lit, je lui ai trouvé ſur le viſage des eſpéces de puſtules qui m'inquiétent : Paré (*b*) n'eſt pas plus tranquille que moi.

(*a*) Il avoit la fiévre-quarte depuis trois mois.
(*b*) Ambroiſe Paré, premier Chirurgien du Roi.

SCENE II.

Le Conseil du Roi composé de LA REINE, *du* ROI DE NAVARRE, *du* PRINCE DE CONDÉ, *du* DUC DE GUISE, *du* CARDINAL DE LORRAINE, *du* CHANCELIER OLIVIER; *le fauteuil du Roi est vuide dans le milieu.*

LA REINE.

NOUS avons aujourd'hui de grands objets à examiner, commençons par le plus important qui est celui de la Religion. Cardinal de Lorraine, cette matiére vous regarde.

LE CARDINAL *se levant.*

Madame, la plus grande marque de respect que nous puissions donner à la mémoire du feu Roi, c'est de suivre ses vûes, & de le faire revivre, autant qu'il est en nous, par notre fidélité à observer scrupuleusement les sages résolutions qu'il avoit prises (*a*).

(*a*) La renaissance des Lettres au seiziéme siécle en éclairant les esprits, fit naître aussi les erreurs. Luther trouva les choses préparées par les déclamations d'Erasme contre la superstition des peuples, & contre l'ignorance & la licence des Moines. Erasme, disoit-on alors, *a pondu l'œuf, & Luther l'a fait éclore.* Cela étoit vrai, & doit bien apprendre aux hommes qu'il y a des circonstances où la vérité ne doit parler qu'avec de grandes précautions. Les malheurs infinis qu'apporta le Luthéranisme dans l'Allemagne, ne sont que trop connus; mais si l'audace de ce novateur a de quoi surprendre, on ne doit pas être étonné des progrès de sa secte : ils étoient fondés sur les avantages

Nous avons deux Religions en France, c'eſt-à-dire que la France court un des plus grands dangers où elle ait été jamais expoſée. Il ne faut pas s'y tromper, les hérétiques d'aujourd'hui ſont plûtôt un parti dans l'État qu'une ſecte dans l'Égliſe. Charles-Quint, le plus puiſſant Prince de l'Europe, a penſé être accablé par le Luthéraniſme : mauvais politique en ce point, il crut pouvoir ſe ſervir de ce parti pour diviſer l'Allemagne, & pour s'en rendre le maître après l'avoir affoiblie en la diviſant : l'événement a été bien contraire à ſes eſpérances, & le Luthéraniſme a ébranlé la Couronne impériale ſur ſa tête ; le Calviniſme en fera autant en France. Il ne faut dans un État Monarchique, qu'une Religion ainſi qu'un Roi : tout ce qui produit des partis donne le ſignal de la rébellion ; le prétexte de la vérité eſt un motif ſurnaturel dont il eſt trop aiſé d'abuſer les peuples, & la Religion mal-entendue eſt l'étendard fatal où viennent ſe rallier tous les ſéditieux. Henri votre auguſte Époux en avoit ſenti tout le danger ; Votre Majeſté fait tout ce qu'il avoit fait pour le prévenir. On n'a point oublié cette

temporels que Luther procuroit à tous ceux qui voulurent bien le ſuivre, en les mettant en poſſeſſion de tous les biens de l'Egliſe ; ſemblable en cela aux Princes qui, pour peupler une nouvelle Ville, accordent de grands priviléges à ceux qui viendront l'habiter. Auſſi Luther bien aſſuré de ſon nouvel évangile, n'eut-il point recours, comme pluſieurs hérétiques, au maſque de l'hipocriſie ni à la ſéduction : violent dans ſes écrits, fougueux dans ſa conduite, ſans meſure & ſans frein, il répandoit à pleines mains les erreurs & les bienfaits. Ce fut un Gentilhomme Picard du Diocèſe d'Amiens, nommé Louis de Berquin, qui diſtribua des premiers dans la France, les livres de Luther. Berquin fut brûlé vif malgré les grandes protections qu'il avoit.

fameuſe Mercuriale du Parlement où il aſſiſta (*a*); tout ce qui m'écoute y étoit préſent, & en ſait le réſultat (*b*). Le plus grand nombre reconnut le riſque où la Religion étoit expoſée; & quoique différens dans les moyens, tous furent d'avis qu'il falloit arrêter les progrès de l'héréſie. Une poignée de mutins, & ſur-tout Dubourg, ne put contraindre ſon goût pour les nouveautés; le Roi s'en fit juſtice, quelques-uns furent empriſonnés, & Dubourg plus hardi qu'aucun, ayant déclaré hautement que ſes ſentimens étoient les mêmes que ceux de Luther & de Zuingle, l'Évêque de Paris le déclara hérétique, & après l'avoir dégradé du Sacerdoce dont il étoit revêtu, le livra au bras ſéculier.

Voilà où nous en ſommes; la mort funeſte du Roi a arrêté le cours de la juſtice, il faut qu'elle continue d'agir; & pour impoſer au peuple par un appareil conforme à l'énormité du crime, il faut livrer au feu ces audacieux diſciples de Calvin. Je ſuis donc d'avis de créer dans chaque Parlement une Chambre qui ne connoiſſe que du crime de l'héréſie, que l'on nommera *Chambre ardente*, pour annoncer ſans équivoque les ſupplices dont ces Chambres puniſſent.

Mezerai.

(*a*) Les Mercuriales étoient un établiſſement très-ſage, que le Roi Charles VIII. & Louis XII. après lui, avoient fait pour la cenſure des mœurs des Magiſtrats, où chacun d'eux étoit dénoncé pour ſe juſtifier ſur les fautes qu'on lui imputoit; une de ces Mercuriales devoit être employée à examiner les affaires de la Religion, & le Roi Henri y vint pour entendre par lui-même diſcuter cette importante matiére.

(*b*) Le Premier Préſident le Maiſtre, Chriſtophe du Harlai, Pierre Seguier, Chriſtophe de Thou, Antoine Fumée, René Baillet, le Préſident Minard, Claude Viole, Louis Faur, Paul de Foix, André Fumée, Euſtache de la Porte, Arnaud Duferrier, &c.

Cette rigueur vous étonne ! Voyez Philippe II. ce Prince ſage & religieux : de quel zéle ne donne-t-il pas l'exemple ? A peine de retour des Pays-Bas en Eſpagne, ce retour vient d'y être marqué par les exécutions ſanglantes & néceſſaires qu'il fait des Proteſtans ; nul reſpect humain ne le retient ; il ne ménage perſonne quand il s'agit de la Religion, pas même Conſtance Ponce le Confeſſeur de ſon pere Charles-Quint, qui avoit ſuivi ce Prince dans ſa ſolitude, & qui l'avoit aſſiſté à la mort. Nous venons d'apprendre que cet homme ſuſpect d'héréſie, ayant été jetté dans les priſons de l'Inquiſition où il eſt mort, le Roi d'Eſpagne a voulu que ſon éffigie parût dans la cérémonie deſtinée pour l'exécution des autres criminels.

Mezerai.

De Thou, Mezerai.

[*Le Cardinal de Lorraine ſe raſſiéd, & la Reine fait ſigne au Roi de Navarre d'opiner.*]

LE ROI DE NAVARRE.

Sans entrer dans la queſtion de ſavoir ſi l'on doit punir de mort ceux qui différent de ſentimens ſur la Religion dominante, je me réduirai à dire, qu'au moins faut-il que l'Égliſe, en les condamnant, autoriſe le bras ſéculier à les punir. Où ſont aujourd'hui les hérétiques que vous condamnez ? Quelle loi de l'Égliſe s'eſt fait entendre contr'eux ? & de quel droit le Conſeil du Roi juge-t-il les conſciences ? Attendons qu'un Concile légitime ait prononcé, alors nous verrons le parti qu'il faudra prendre (*a*).

(*a*) Le Concile de Trente ne finit qu'en 1563. il avoit commencé dès 1545. mais les guerres l'avoient interrompu, & il ne fut pas aſſemblé ſous François II,

LE P. DE CONDÉ.

Je n'ajoute qu'un mot. (*a*) Peut-être que ceux qui ſe font tant d'honneur de leur zéle, rencontreront, quand il en ſera tems, des hommes auſſi orthodoxes qu'eux ſans doute, mais dont l'amour pour la Religion n'aura point de motifs étrangers ni perſonnels. J'honore Rome & ſon Pontife, comme je le dois, mais je ne cherche point à le gagner : & ſi les Martels crurent qu'il étoit de leur intérêt de s'attacher au Pape Zacharie, & de s'autoriſer de la faveur de ce Pape pour enlever la Couronne à l'héritier légitime, c'eſt qu'il n'y avoit point alors de Princes aſſez généreux pour défendre leurs droits contre les foudres imaginaires du Vatican.

Par rapport à Philippe II. on devroit rougir de donner le nom de zéle à la poltronnerie, & aux fureurs de ce Prince atrabilaire (*b*). Mais vous ne nous dites pas, Seigneur, ce qui vient de ſe paſſer à Rome, apparemment que vous l'ignorez ; apprenez donc comme on y traite les perſécuteurs. Le Pape Paul IV. en mourant a comblé d'éloges Philippe II. qu'il regardoit, ainſi que vous le regardez, comme l'appui de la Religion Romaine. Qu'a fait le peuple à ſa mort? (j'en reçûs hier la nouvelle) indigné des cruautés de l'Inquiſition que Paul IV. protégeoit, il a couru en foule aux priſons, il y a mis le feu,

De Thou.

(*a*) C'eſt un Prince hérétique que ſon ambition fait parler, dont la témérité eſt confondue par le Cardinal de Lorraine, par le Duc de Guiſe, & ſur-tout par le Chancelier Olivier.

(*b*) Dans le fort d'une tempête qu'il venoit d'eſſuyer en abordant en Galice, on prétendoit qu'il avoit fait vœu d'exterminer les hérétiques, & qu'il croyoit que ce vœu lui avoit ſauvé la vie.

& en a fait sortir les prisonniers : on a bien eu de la peine à les empêcher de brûler le Couvent des Dominicains de la Minerve, où demeurent les Chefs de ce barbare Tribunal. En même tems cette multitude animée court au Capitole, & y voyant une statue de marbre que le Sénat avoit élevée à ce Pontife, elle l'abat avec transport, & la noye dans le Tibre. Voilà comme on pense & comme on agit dans un État où assurément la Religion des sujets n'est pas suspecte : mais c'est que la loi naturelle est de tous les pays, & qu'une loi ne sauroit être divine quand elle y est contraire.

LE DUC DE GUISE.

La soumission aux Chefs est devenue la loi naturelle depuis que les peuples ont eu des Souverains. D'ailleurs, peut-on tirer avantage du tumulte de la populace dont on a vû les excès toutes les fois que le Saint Siége a été vacant ?

Mais je répons à quelque chose de plus spécieux. Le Roi de Navarre demande un Concile, sans doute parce qu'il voit, après ce qui s'est passé à Trente, la difficulté qu'il y a d'en assembler : je ne le soupçonne point d'être infecté de la nouvelle hérésie, mais il me permettra de lui dire qu'il en tient le langage. Voilà comme de tout tems ont parlé les novateurs : Ils sont soumis, disent-ils, à l'Eglise, jusqu'au moment qu'elle ait prononcé, dans l'espérance que ce moment se reculera ; & si-tôt qu'ils ont entendu son arrêt, ils se séparent d'elle. Qu'avons-nous affaire de Concile pour juger des erreurs de Luther ? Ne sont-elles pas de notoriété publique ?

Et en attendant ce Concile, quels progrès ne fera pas l'héréſie ? Quels partis ne verrons-nous pas ſe former dans le Royaume pour en troubler la paix ? Eſt-on encore la dupe des prétextes de Religion ? & a-t-on oublié les ſanglantes cataſtrophes de l'Arianiſme ? Je ſuis de l'avis de Monſieur le Cardinal.

LE CHANCELIER OLIVIER.

Madame, à entendre les Sectaires, il n'y a rien de ſi pur que leurs motifs, ni rien de ſi innocent que leur conduite. Que nous veut-on, diſent-ils ? Sommes-nous les maîtres de voir les objets autrement qu'ils ne s'offrent à nous ? Doit-on gêner les conſciences ? la vérité ſe commande-t-elle ? & ce qui eſt de conviction dépend-il de l'autorité ? Nous n'envions point aux Catholiques, ajoutent-ils, leurs Égliſes, ni l'appareil éclatant de leurs cérémonies : que l'on nous laiſſe à nous-mêmes, le Dieu que nous ſervons ſe contente de nos cœurs, & ne s'honore point de la pompe & du bruit. A ces diſcours ils joignent des mœurs ſans reproche, & cela a toujours été ainſi. La nouveauté réveille les eſprits ; le premier ſacrifice que l'on fait d'embraſſer une opinion juſques-là inconnue, a pour motif le deſir du ſalut, & les actions s'en reſſentent : tandis que les vrais Catholiques endormis dans l'habitude de la vérité, n'ont rien qui les excite, ni qui les tire de l'yvreſſe des paſſions ou de la létargie d'une vie commune.

Juſqu'ici les Hérétiques ſont une eſpéce d'hommes qui ne méritent guéres d'être remarqués, on pourroit les abandonner à leurs opinions & à leurs fantaiſies : mais des hommes ambitieux & de mauvaiſe foi, qui ne cherchent qu'à troubler l'État, ne manquent jamais de ſaiſir un moyen auſſi ſûr que celui de la Religion ; ils embraſſent la cauſe des Sectaires, plus forts par le Fanatiſme qu'ils leur inſpirent, que par une autorité légitime, il n'y a rien qu'ils ne leur faſſent entreprendre : de-là ſont venus tous les malheurs qui ont inondé l'Univers depuis plus de douze cens ans.

Il n'eſt donc pas vrai qu'une Secte ſoit une choſe indifférente dans un État : mais comment doit-on traiter les Sectaires ? Car je ne répons pas à la néceſſité d'aſſembler un Concile pour juger les Luthériens, Luther ſe jugeoit lui-même, & il eût été bien fâché qu'on ne l'eût pas crû ſéparé de l'Égliſe.

Je ne penſe pas que les ſupplices ſoient des moyens qu'il faille employer ; les feux que l'on allume pour brûler les Hérétiques, allument en même tems l'imagination du peuple. Il y a quelque choſe de grand à affronter la mort, & la multitude prend cela pour la vérité : il eſt un moyen bien plus fort ſur le cœur des hommes, c'eſt le mépris. Laiſſez languir les Hérétiques dans une oiſiveté ignorée, privés de toutes les Charges ; ne leur faites point de mal, mais rendez-les inutiles à leurs citoyens ; ne leur refuſez jamais juſtice, mais jamais ne leur faites de grace : ne vous appercevez pas de leur ſingularité, bien-tôt vous verrez tomber leur orgueil, & la vanité les ramener à la ſociété dont elle les avoit tirés.

LA REINE.

Je rendrai compte au Roi des opinions ; mais je

crains bien ſur ce qui vient d'être dit, qu'il ne croye la ſévérité d'autant plus néceſſaire, que le feu Roi en a donné l'exemple, & qu'en effet ſous un Régne naiſſant ce ne fût marquer de la foibleſſe, que de s'écarter de la route qui lui a été tracée. Le Roi m'a ordonné de rendre compte au Conſeil d'une réponſe qu'il a reçûe du Roi d'Eſpagne; elle eſt telle qu'on la devoit attendre d'un Prince auſſi généreux, & il eſt bon qu'elle ſoit connue pour impoſer à quiconque voudroit profiter de la jeuneſſe du Roi, afin d'exciter quelque trouble dans ſon Royaume. Voici en ſubſtance le contenu de la lettre : Il mande au Roi qu'il peut compter ſur ſon ſecours; qu'il a autant à cœur les intérêts du Roi ſon beau-frere, que les ſiens propres, & qu'il s'eſt diſpoſé à prendre ſon Royaume ſous ſa protection; que ſi quelques François étoient aſſez téméraires pour refuſer d'obéir à leur Prince & à ſes premiers Miniſtres, il les accableroit de ſes forces & de ſa puiſſance; qu'enfin il ſe montreroit toujours le juſte vengeur des injures faites à la Majeſté Royale, & ſauroit punir ſévérement les auteurs des troubles.

De Thou.

LE P. DE CONDÉ.

Comment, Madame, le Roi a donc imploré l'appui du Roi d'Eſpagne? Comment, les François en vont dépendre?

LA REINE.

Pourquoi cela?

LE P. DE CONDÉ.

Il ne promettroit pas ſa protection ſi on ne la lui avoit pas demandée, & on pouvoit bien être ſûr de ſa réponſe. Il y a long-tems que Philippe II. ne cherchoit que l'occaſion de ſe mêler des affaires de la France ; ce qu'il n'auroit pû par la force de ſes armes, il l'obtiendra par intrigue ; il ſaura diviſer ce qu'il n'a pû vaincre : & faſſe le ciel que quelque jour ce Prince n'établiſſe pas une Puiſſance étrangere dans le Royaume !

LA REINE.

Vous allez être à portée de juger vous-même de ſes intentions : le Roi vous a choiſi pour aller en Eſpagne jurer en ſon nom la paix conclue par le Roi ſon pere, & vous y ſerez accompagné par le Prince de la Roche-ſur-Yon, qui ſera chargé de porter à Philippe l'Ordre de Saint Michel : ce n'eſt pas un voyage bien long, ainſi vous ſerez bien-tôt de retour. Pour le Roi de Navarre, le Roi n'a pas crû pouvoir remettre en de meilleures mains la Princeſſe ſa ſœur, pour la conduire au Roi ſon mari. Princes, vous ne partirez tous qu'après le Sacre ; vous ſavez que cette cérémonie eſt annoncée pour le 21. de ce mois de Septembre, de-là vous prendrez votre chemin vers l'Eſpagne.

De Thou, Mezerai.

De Thou, Mezerai.

SCENE III.

LA REINE, *lés Acteurs de la Scéne précédente*, UN HUISSIER *du Cabinet.*

L'HUISSIER.

MADAME, la perſonne que vous attendez eſt arrivée.

LA REINE. [*à Mrs. de Guiſe.*]

Faites entrer par mon cabinet. Meſſieurs, vous ſavez que le Roi vous attend. [*Tout le monde ſort.*]

SCENE IV.

LA REINE, LUC GAURIC.

LA REINE *fondant en larmes.*

C'EST vous, mon cher Gauric!

GAURIC *à part.*

Triſte voyage! Malheureux Pays! Déplorable Race!

LA REINE.

De Thou. Vous n'étiez que trop bien inſtruit. Voilà donc ce combat ſingulier que vous m'aviez prédit, & dont la prédiction ſembloit ſi abſurde à tout le monde?

monde ? Hélas ! Je ne croyois pas notre infortune ſi prochaine, lorſque je vous ai preſſé de quitter l'Italie pour pouvoir vous entretenir ; & vous jugez aiſément combien vous me devenez aujourd'hui néceſſaire par la confiance que mes malheurs me donnent dans vos lumiéres.

GAURIC.

Je ne croyois pas non plus, lorſque je ſuis parti d'Italie, devoir être le témoin de ce cruel événement : mais quand j'ai été arrivé à Lyon, j'aurois bien voulu ne pas aller plus loin.

LA REINE.

Vous avez donc vû alors ?....

GAURIC.

Ah ! Madame, puiſſai-je n'avoir rien vû !

LA REINE.

Enfin, mon cher Gauric, je vous poſſéde ; votre amitié pour moi vous a fait ſurmonter à votre âge les fatigues d'un voyage pénible, & vous vous étes ſouvenu combien vous m'étiez cher avant que j'euſſe quitté Florence.

GAURIC.

Oui, Madame, & je vis alors avec tranſport les prémices de votre Grandeur future.

LA REINE.

Je n'ai pû vous entretenir plûtôt, & vous voulez bien le pardonner aux ſoins dont j'ai été accablée depuis la mort du Roi ; mais je ſais que vous avez vû mes enfans, & que vous les avez examinés chacun en particulier, ainſi que je vous en avois prié. Avant de parler de ce qui les regarde, il faut commencer par vous exposer quelle est ma situation.

GAURIC.

Madame de Montpensier m'en a entretenu par votre ordre.

LA REINE.

Vous voyez quel est l'état de la Cour : Un enfant majeur sans volonté, une Régente sans titre, des Princes du Sang réclamant leurs droits sous le prétexte du bien de l'État, & n'en voulant qu'à l'autorité, Messieurs de Guise attachés au Roi plus qu'à moi, ou plûtôt n'agissant que pour eux-mêmes, & peut-être ne bornant pas leur ambition à l'empire absolu que je leur ai abandonné.

GAURIC.

Je sais tout cela.

LA REINE.

Quel parti prendre au milieu de tant de prétendans ? Et quelle route dois-je suivre à travers tant d'écueils ?

GAURIC.

Mais votre parti est déja pris, & vous vous étes livrée à Messieurs de Guise.

LA REINE.

Cela est vrai. Que pouvois-je faire ? & qu'eût fait un autre à ma place ?

GAURIC.

Je l'ignore.

LA REINE.

Mais, Gauric, qui peut mieux que vous me conduire dans de pareilles circonstances? Et quel guide plus sûr puis-je avoir pour me démêler du labirinthe ou je suis?

GAURIC.

Moi, Madame ?

LA REINE.

Sans doute ; vos lumiéres, vos connoiſſances, votre art.....

GAURIC.

Ah ! Madame, mon art a ſes limites, & mes connoiſſances ſont bien bornées. Croyez-vous que Dieu m'ait abandonné l'avenir pour y lire ſans réſerve tout ce qui s'y prépare ? Sa Providence a permis que j'y viſſe de certains faits plus marqués, encore ne me les laiſſe-t-il entrevoir qu'à travers des nuages qui en rendent la connoiſſance preſque inutile, & qui ne font que jetter du trouble ſur le préſent, ſans donner les moyens de ſe garantir des événemens prévûs. Nous ſommes aſſujettis à une deſtinée (a) inévitable ; nos pas ſont tracés de toute éternité, & nous ne faiſons qu'accomplir volontairement des événemens qui ne dépendent pas de nous. Cent impoſteurs qui affectent de paroître inſtruits dans cette ſcience, font un trafic honteux de la crédulité des mortels, & prononcent également ſur tout, parce qu'ils ignorent tout également. Moi, Madame, qui, en exerçant cet art, gémis tous les jours devant Dieu du don fatal qu'il m'a fait, don inutile & ſouvent pernicieux, qui a troublé ma vie & qui la mêle ſans ceſſe d'amertume, parce qu'il y a bien plus de maux que de bonheur à prévoir ; je vous dois avertir que mes découvertes ne vous peuvent jamais ſervir à

(a) Il faut conſidérer que celui qui parle eſt infatué de l'aſtrologie judiciaire.

rien, & que la Providence se joue également des hommes, soit en les laissant dans l'ignorance de leur sort, soit en leur en laissant entrevoir quelques circonstances.

Votre Majesté me fait l'honneur de me consulter sur le parti qu'elle doit prendre aujourd'hui : il faudroit pour cela pouvoir calculer l'infini, & un être mortel n'a pas ce privilége. Quant aux faits particuliers, sur-tout ceux qui regardent les points les plus essentiels de la vie des hommes, comme je les crois soumis aux mouvemens célestes, & que je pense que les diverses conjonctions des astres y peuvent influer, sans quoi ces flambeaux immortels seroient inutiles dans le firmament, quelquefois j'entreprens de les prévoir, & Dieu a souvent permis que j'y aye réussi.

LA REINE.

Mais cette conjuration contre le Duc de Parme où ce Prince perdit la vie, vous l'aviez prévûe jusqu'aux moindres circonstances ; & c'est là un événement général.

GAURIC.

Oui, le Pape Paul III. son pere, qui m'aimoit beaucoup, exigea de notre amitié que je fisse l'horoscope de ce Prince ; je lui obéis, & je lui dis que je voyois une conspiration se former contre son fils : il voulut savoir les noms des conjurés, je lui fis réponse qu'il les trouveroit dans les lettres écrites sur sa monnoie (*a*).

(*a*) Ces lettres étoient *Plac*, qui veulent dire *Placenza* : & ces quatre lettres *Plac* sont en effet les premiéres lettres de chacun des

LA REINE.

Eh, que peut-on de plus?

GAURIC.

Eh, de quoi cela l'avançoit-il? Je prédisois en aveugle des choses vraies, les noms des conjurés se trouvérent en effet sur cette monnoie quand ce Prince eut été assassiné, mais en les désignant, je ne les démêlois pas plus que lui.

LA REINE.

Mais vous aviez prévû la conjuration?

GAURIC.

Sans doute.

LA REINE.

Mais vous avez prévû le genre de mort du feu Roi?

GAURIC.

Hélas! oui.

LA REINE.

Puisque vous ne croyez donc pas pouvoir m'instruire sur la conduite que je dois tenir aujourd'hui, venons à mes enfans, c'est bien là l'objet le plus intéressant pour moi. Jamais Princesse ne s'est vû une

noms des conjurés, savoir, *Pallavicini*, *Lando*, *Anquisciola* & *Consalonieri*. Le devin qui fit cette prédiction n'est pas nommé dans l'Histoire, & j'ai crû pouvoir la mettre sur le compte de Gauric, qui en effet étoit l'ami de Paul III. pere de Pierre-Louis Farnése Duc de Parme, qui fut assassiné, le plus méchant & le plus abominable homme de son tems. Voici comme parle M. de Thou de Luc Gauric. » Le Pape » manda au Duc de Parme son fils qu'il prît garde au dixiéme de Sep- » tembre, jour auquel les astres le menaçoient d'un grand péril, car » Paul III. étoit fort entêté de l'astrologie judiciaire; il fit la fortune » de Lucas Gauric natif de Gifoni dans la Marche d'Ancosne, le plus » habile astrologue de son tems, & le retint toute sa vie auprès de lui; » il l'honoroit d'une amitié particuliére, & le faisoit manger souvent à » sa table; enfin il le fit Evêque de Civita Castellana.

famille plus nombreuse ; le Ciel a béni notre mariage, j'ai quatre fils & trois filles, & ce que vous pourrez me découvrir de leur destinée me servira, quoi que vous en puissiez dire, à me déterminer aux partis que j'ai à prendre à l'avenir.

GAURIC.

Hélas ! Que voulez-vous que je vous dise ?

LA REINE.

Le Roi mon fils.

GAURIC.

Il ne faut qu'une connoissance ordinaire de la médecine, pour savoir qu'il est difficile qu'il aille bien loin.

LA REINE.

Mais n'avez-vous rien vû de plus ?

GAURIC *hésitant.*

Si fait.

LA REINE.

Quoi encore ?

GAURIC.

Que lui dirai-je ?

LA REINE.

Gauric, vous hésitez à me parler ?

GAURIC *frémissant.*

Madame.

LA REINE.

Parlez.

[*Il faut imaginer que la Piéce est représentée, & que l'Acteur entre ici dans une espéce d'entousiasme prophétique.*]

GAURIC.

Hé bien, vous avez quatre fils, & tous quatre feront Souverains. (*a*)

LA REINE.

Ils mourront donc bien jeunes? Quoi, mes enfans se succéderont l'un à l'autre?

GAURIC.

C'est ce que je ne puis vous dire. Mais jamais destinées ne furent accompagnées de tant d'ombres ni de tant d'éclat; jamais tant de gloire ne fut jointe à tant d'infortune, le Ciel semble avoir assemblé sur eux toutes les influences contraires: ce ne sont point des astres, ce sont autant de cométes qui ont présidé à leur sort. Il y en a qui régneront plus d'une fois (*b*); ils sont Rois, & à peine leur

(*a*) En effet François II. Charles IX. & Henri III. furent tous Rois de France, & le dernier des enfans de Henri II. nommé Duc d'Alençon, fut couronné Duc de Brabant & Comte de Flandres. » Il » paroissoit dès l'âge de neuf ans, dans la maniére d'agir de ce der- » nier, certains commencemens de mélancolie & de fureur qui en fai- » soient craindre les suites. La Princesse Marguerite qui avoit deux » ans plus que ce Prince, régnoit si absolument sur son esprit, qu'un » de ses regards ou une de ses paroles le rendoit capable de tout ce » qu'on desiroit de lui.... Il y avoit une antipathie marquée entre » le Duc d'Anjou & le Duc d'Alençon. Celui-ci voyant que le Roi » leur frere accordoit tout au Duc d'Anjou, par les sollicitations de » leur mere, jusqu'à l'avoir rendu triomphant à l'âge de 18. ans, ne » conçut guéres moins de haine pour le Roi que pour le Duc d'An- » jou..... Cette haine éclata après la Saint Barthelemi..... Les » Huguenots crurent avoir trouvé en lui de quoi arrêter les prospéri- » tés du Duc d'Anjou. (*Mémoires de Nevers.*)

Henri IV. n'étant encore que Roi de Navarre, faisoit bien peu de cas de ce Prince. » Il me trompera; disoit-il, s'il remplit jamais » l'attente que l'on conçoit de lui; il a si peu de courage, le cœur si » double & si malin, le corps si mal bâti, si peu de grace dans son main- » tien, tant d'inhabileté à toutes sortes d'exercices, que je ne saurois » me persuader qu'il fasse jamais rien de grand.

b) Henri III. d'abord Roi de Pologne, puis Roi de France.

vois-je des ſujets. L'obſcurité, ou plûtôt la contrariété de ces tems funeſtes m'a fait recourir plus d'une fois aux cauſes qui pouvoient produire de ſi étranges effets, je n'ai reçû pour réponſes que des orages & des tonnerres : tantôt le Ciel m'a paru un vaſte déſert, tantôt je l'ai vû rempli de toutes les puiſſances de l'air armées les unes contre les autres...... J'ai vû un de vos fils fuir des Couronnes pour en aller chercher d'autres (*a*) ; ſe ſauver des mains d'un Peuple fidéle, pour ſe venir livrer à des ſéditieux : un rêve n'eſt pas plus confus ni plus contradictoire que leur deſtinée, & les conſtellations céleſtes n'ont jamais été entr'elles dans une ſemblable poſition..... Que fais-tu, malheureux Prince (*b*)? Ah! Du moins quand on eſt aſſaſſin (*c*), il faut être méfiant. Quel monſtre biſarrement vêtu vois-je à tes piéds ſous le maſque de l'hipocriſie?...... C'en eſt fait, il frappe, & tu n'es plus.

LA REINE.

Ah! Dieu, que vous a fait la France? Que vous ai-je fait? De quoi ſont coupables mes malheureux enfans? Achevez, Gauric, achevez de me percer le cœur; leurs ſœurs ſont-elles réſervées à de pareilles fortunes?

GAURIC.

Le ſort d'Éliſabeth votre aînée m'eſt dévoilé plus

(*a*) C'eſt toujours Henri III. qui ſe ſauva de Pologne pour venir hériter de la Couronne de France.

(*b*) Henri III. qui fut aſſaſſiné à S. Cloud par Jacques Clément, Jacobin, le premier jour d'Aouſt.

(*c*) Henri Duc de Guiſe fut aſſaſſiné à Blois le vingt-trois Décembre 1588. par l'ordre de Henri III. qui y fut forcé par les circonſtances du tems.

clairement que celui de tous les autres (*a*) ; elle périra de mort violente, après avoir été la cause innocente de la mort d'un fils dont elle ne sera pas la mere. Pour Claude votre seconde fille, heureusement pour elle, sa vie n'offre aucun événement marqué (*b*).

LA REINE.

Et ma chere Marguerite ?

GAURIC.

Marguerite ! .... Oh, étrange spectacle ! .... Arrête, Princesse infortunée ! Quel est le lit nuptial où tu vas monter ! Les Furies éclairent cette fête avec des serpens enflammés ! Des ruisseaux de sang environnent la Couche Royale ! Nuit horrible où la mort veille au lieu de l'hymen ! .... Marguerite ! réveille-toi, sauve du moins ton généreux époux. Hélas ! il cessera bien-tôt de l'être sans cesser de vivre ; & je te vois sur la tête une Couronne que tu partages avec une autre ! Cependant, Madame, rassurez-vous pour elle ; par un effet singulier de la bisarrerie de ces tems malheureux, je vois cette même Marguerite au milieu de tant d'horreurs acompagnée de plaisirs : chose incroyable ! Aucuns de ces événemens ne semble la regarder ; l'ambition trop occupée ailleurs ne songe point à elle, & laisse son cœur en repos : tandis que tout gémit, la seule Marguerite est tran-

(*a*) Elisabeth mariée à Philippe II. morte, à ce que plusieurs ont dit, de poison en 1568. elle étoit belle-mere de Dom Carlos mort aussi de mort violente.

(*b*) Claude mariée à Charles II. Duc de Lorraine, morte en 1575.

quille, & coule ſa vie dans les fêtes & dans les jeux (*a*).

Vous l'avez voulu, Madame, j'ai parlé; mon ame eſt accablée de tant d'horreurs! Ce n'eſt pas la Famille Royale ſeulement qui eſt menacée, aucun de tant de grands hommes qui l'environnent ne mourra de ſa mort naturelle (*b*); il ſemble que le monde ſoit à ſon dernier jour. Je vous quitte, Princeſſe auſſi illuſtre qu'infortunée, le Ciel me rappelle aux lieux de ma naiſſance; il me réſerve encore peu de jours (*c*), & je ne vivrai plus lors de l'accompliſſement de tant de malheurs.

LA REINE.

Vous me laiſſez?

GAURIC.

Ni vous ni moi n'y pouvons rien; & le Ciel vous punit de votre curioſité, en vous faiſant ſouffrir d'avance tous les maux dont il a ſemé le cours de

(*a*) Tout le monde ſait que Marguerite épouſa le Roi de Navarre (Henri IV.), que les nôces furent ſuivies de l'exécution de la Saint Barthelemi, où Henri, pour ſauver ſa vie, fut obligé d'abjurer ſa Religion; que le mariage de Marguerite avec le Roi fut déclaré nul en 1599. que Henri épouſa Marie de Médicis en 1600. & que Marguerite, ſans ſe ſoucier de tout cela, paſſa toute ſa vie dans le plaiſir.

(*b*) Le Roi de Navarre mourut de la bleſſure qu'il avoit reçûe au ſiége de Rouen en 1562. Louis I. Prince de Condé fut tué de ſang froid par Monteſquiou après la Bataille de Jarnac en 1569. François Duc de Guiſe fut tué au ſiége d'Orléans par Poltrot en 1563. Le Connétable de Montmorenci fut tué à la Bataille de Saint Denis par Jacques Stuard en 1567. L'Amiral de Coligni fut maſſacré trois jours avant la Saint Barthelemi en 1572. Et le Maréchal de Saint André fut tué par Bobigni à la Bataille de Dreux en 1562.

(*c*) Il mourut en 1559.

votre vie : puiſſiez-vous n'être pas la cauſe de tant d'horreurs ! (*a*)

LA REINE.

O Dieux !

(*a*) On ſait que l'ambition de Catherine de Médicis fut une des principales cauſes des malheurs des Régnes de Charles IX. & de Henri III.

Fin du ſecond Acte.

ACTE III.

SCENE PREMIERE.

La Scéne est à Blois.

LA DUCHESSE DE MONTPENSIER, LA ROCHE DU MAINE (*a*) *qui causent ensemble*, LA REINE *qui survient*.

LA REINE *à la D. de Montpensier*.

LE Roi est mieux : c'est un grand reméde que l'air natal, celui de Blois lui est excellent, & nous n'avons jamais si bien fait que de l'amener ici.

LA D. DE MONTPENSIER.

Fasse le Ciel que cela continue !

(*a*) La Roche du Maine étoit un homme de la Cour, de beaucoup d'esprit, fort à la mode auprès de toutes les femmes, qui étoit en possession de tout dire. » Il avoit en lui une liberté de parler qui dé- » montroit la générosité de son courage. Il s'étoit trouvé à sept siéges » de Villes, & avoit été fait prisonnier à la Journée de Pavie & à la » Bataille de Saint Quentin. Son fils fut tué à cette derniére agé de » 22. ans. Il mourut à Chitré près de Chastelleraud le 2. Juin 1576. » âgé de 85. ans, deux mois &c. (*Le Clerc.*)

On voit bien que l'intention de cette Scéne est de rappeller des faits passés sous le Régne précédent, comme la Scéne de Gauric a servi à faire connoître les événemens qui n'arrivérent que sous les Régnes suivans.

LA REINE.

Que disoit la Roche du Maine?

LA D. DE MONTPENSIER.

Il n'est pas plus raisonnable qu'à l'ordinaire, & l'âge ne le rend pas plus sage.

LA ROCHE DU MAINE.

Je disois que Votre Majesté avoit vû Gauric.

LA REINE.

Comment pouvez-vous savoir cela?

LA ROCHE DU MAINE.

Parce que j'ai un génie qui me dit tout.

LA REINE.

Le connoissez-vous?

LA ROCHE DU MAINE.

Oui, Madame, je fus, comme tout le monde, curieux de le voir lorsque j'étois en Italie; c'est un fort honnête homme.

LA REINE.

Oh! Pour cela oui.

LA ROCHE DU MAINE.

Et le plus grand fou que je connoisse, qui n'a jamais menti, & qui n'a jamais dit un mot de vérité.

LA REINE.

Comment cela se peut-il?

LA ROCHE DU MAINE.

Parce qu'il est fou, qu'il voit tout ce qu'il veut & ce qu'il ne veut pas, & que son imagination se proméne toujours hors de ce monde-ci.

LA REINE.

Cela est bien-tôt dit: mais les prédictions qu'il a faites.

LA ROCHE DU MAINE.

Il faut bien, sur la quantité, qu'il en réussisse quelqu'une : & moi, si je voulois m'en mêler, je serois sorcier comme un autre.

LA D. DE MONTPENSIER *se mocquant.*

Je crois qu'oui.

LA ROCHE DU MAINE.

Eh! Mon Dieu, Madame la Duchesse, ne me défiez pas tant; je sais bien qu'il ne faut pas aller au devin pour savoir que vous étes la femme de la Cour qui a le plus d'esprit, & qui étes le plus faite pour plaire quand vous le voulez : mais si après cela j'entrois dans un plus grand détail, & si je disois que vous le voulez quelquefois.... Ce ne seroit pas au moins à Monsieur de Montpensier que je le dirois.

LA D. DE MONTPENSIER.

Madame, c'est un extravagant, ne l'écoutez pas.

LA ROCHE DU MAINE.

Bon, est-ce que je n'ai pas deviné la levée du Siége de Metz?

LA D. DE MONTPENSIER.

Oui, quand il a été levé.

LA ROCHE DU MAINE.

Non, non, le premier jour.

LA REINE.

Eh, comment cela?

LA ROCHE DU MAINE.

De Thou, Varillas. Parce que Charles-Quint, quand il vint former le Siége, étoit vieux & cassé, & avoit à peine la force de cacheter une lettre; que ce fut un coup de désespoir pour faire oublier sa fuite d'Inspruc;

qu'au lieu de monter à cheval, & de mener ses gens aux assauts, il ne sortoit pas de sa tente & de son lit; que la saison étoit diabolique; que le feu Roi avoit renfermé dans Metz l'élite de toute la Noblesse du Royaume; & que le Connétable qui s'étoit campé proche de l'Empereur, lui enlevoit les vivres, & empêchoit son armée d'aller au fourage. Je ne cache rien à Votre Majesté de toute ma magie, & j'ai la bonne foi de convenir qu'il m'étoit tout aussi aisé de deviner la levée du Siége de Metz, qu'au Duc de Guise de le défendre.

LA REINE.

Duchesse, la Roche du Maine n'est pas bon.

LA ROCHE DU MAINE.

Eh! Mais, Madame, est-ce que je n'ai pas deviné de même que le Duc de Guise prendroit Calais?

LA REINE.

Vous verrez que cela n'étoit pas difficile.

LA ROCHE DU MAINE.

Pas trop. Quand Senarpont sur les mémoires de l'Amiral, avoit déja fait résoudre qu'on l'attaqueroit avant que le Duc de Guise arrivât d'Italie, que Strozzi eût reconnu l'attaque, & que le Duc de Guise n'eût plus, en arrivant, qu'à exécuter ce qu'ils avoient préparé. Il est vrai que le Duc de Guise donna cette entreprise comme incertaine, pour empêcher le feu Roi d'y venir, & pour en avoir seul tout l'honneur.

De Thou, Varillas.

LA D. DE MONTPENSIER.

Madame, si on le laissoit faire, il diroit qu'Alexandre étoit un poltron, & que César n'avoit point d'esprit.

LA ROCHE DU MAINE.

Non, avec votre permission, je ne dirois pas cela; mais je dirois que si Alexandre n'étoit pas mort d'une pleurésie, il seroit mort de mort violente, & que César n'eut que ce qu'il méritoit d'avoir voulu asservir sa patrie, & s'emparer de la suprême autorité; parce que c'est assez là comme finissent les hommes avantageux qui veulent dominer les autres.

LA REINE.

Eh! Mon pauvre la Roche du Maine, qui est-ce qui ne le veut pas?

LA ROCHE DU MAINE.

Ce n'est pas au moins le Cardinal de Lorraine que je vois. [*Il sort.*]

SCENE II.

LA REINE, LE CARDINAL DE LORRAINE.

LE CARDINAL.

MADAME, j'épargne à Votre Majesté, autant que je le puis, les nouvelles qui pourroient l'inquiéter, mais......

LA

LA REINE.

Qu'eſt-ce qu'il y a donc de nouveau ?

LE CARDINAL.

Depuis plus de trois mois j'ai reçû des lettres d'Allemagne, où l'on me marque qu'il court des bruits de révolte dans le Royaume ; je n'y ai pas fait grande attention. J'ai eu depuis de pareilles lettres, mais ces gens-là voyent des hérétiques par tout, & les croyent toujours prêts à remuer : enfin je viens en dernier lieu d'en recevoir d'Eſpagne, où, ſans pouvoir me faire aucun détail, on m'avertit de me tenir ſur mes gardes, & par leſquelles l'on m'aſſure qu'il ſe prépare une grande révolution. *De Thou, Mezerai.*

LA REINE.

Comment cela ſe peut-il ? Il faudroit que ces gens-là fuſſent fous. Quoi, dans un tems où le Royaume eſt plus tranquille qu'il ne l'a jamais été, où les Gouverneurs & les Magiſtrats exercent une pleine autorité, où le Peuple & la Nobleſſe ont oublié juſqu'au nom de trouble & de révolte, où l'autorité du Roi eſt plus affermie que jamais ? Comptez que ce ſont là de mauvaiſes nouvelles...... Car vous n'avez rien appris par les Provinces ?

LE CARDINAL.

Non, Madame ; le Cardinal d'Armagnac qui veille ſur la Provence & ſur le Languedoc, ne me mande rien, non plus que la Motte-Gondrin à qui Votre Majeſté a confié la Lieutenance du Gouvernement du Dauphiné, cette pépiniére des Calviniſtes. *Varillas.*

SCENE III.

LA REINE, LE CARDINAL DE LORRAINE, LE DUC DE GUISE.

LE DUC DE GUISE.

MADAME, ceci devient plus sérieux ; l'on m'améne de Paris un homme qui a, dit-on, les plus grands secrets à nous révéler : c'est un Avocat du Parlement, nommé Avenel, qui ne demande aucune récompense, & qui, quoique Protestant, a eu tant d'horreur de la conspiration qu'on lui a confiée, qu'il s'est crû obligé en conscience de la révéler. On m'ajoute qu'il n'y a pas un instant à perdre, si l'on veut sauver votre Personne & celle du Roi.

De Thou.

LA REINE.

Duc de Guise !

LE DUC DE GUISE.

Madame, voilà la lettre.

LA REINE.

Quel parti prendre ?

LE CARDINAL.

Je n'en vois point d'autre que de sortir de Blois dans le moment. Il ne peut jamais y avoir de projet formé sans qu'il y ait un lieu de ralliement, & ce doit être autour des murs de cette Ville. En changeant de lieu on déconcertera leur marche, & on

De Thou, Mezerai, Daniel.

ſe donnera le tems d'agir. Amboiſe me paroît le lieu le plus convenable où la Cour puiſſe ſe retirer ; c'eſt une petite Ville fort ſerrée que peu de troupes peuvent défendre, & qui a d'ailleurs un bon château & bien fortifié.

LE DUC DE GUISE.

Ces gens-là n'agiſſent pas ſans chefs, & nous devons tout craindre de Meſſieurs de Coligni : ainſi je penſe que Votre Majeſté doit écrire dans le moment à M. le Prince de Condé, au Cardinal de Châtillon (*a*), à l'Amiral, & à Dandelot, qu'ils ſe rendent ſur le champ auprès d'Elle pour une affaire importante qui regarde la perſonne du Roi & la ſûreté de l'État. S'ils ſe rendent à vos ordres, vous les aurez ſous vos yeux, & on obſervera leur conduite ; s'ils refuſent d'obéir, ils s'avoueront coupables, & nous ſaurons contre qui nous devons agir : d'ailleurs, je vais changer la garde du Roi, & faire avancer des troupes.

De Thou, Mezerai, Daniel.

De Thou.

LA REINE.

Ordonnez tout pour le départ, & donnez l'ordre pour demain matin.

(*a*) Odet de Châtillon, Cardinal, qui s'étoit fait huguenot, & que le Pape avoit dégradé, n'en tint compte, & parut à l'Aſſemblée de Rouen en 1562. en habit de Cardinal, ainſi qu'à ſon mariage; il étoit l'aîné de l'Amiral, & Dandelot étoit leur cadet : ce dernier, Colonel de l'Infanterie Françoiſe, fut le premier infecté des erreurs de Calvin, qu'il communiqua à ſes freres. Le Cardinal depuis ſon mariage avec Eliſabeth d'Hauteville qu'il avoit long-tems entretenue, ſe fit appeller Comte de Beauvais, ſur le prétexte qu'il en avoit été Evêque, & mourut en Angleterre en 1571. le Pape lui avoit retiré le Chapeau en 1562. Ils étoient neveux du Connétable de Montmorenci, parce qu'une ſœur du Connétable avoit épouſé leur pere. (*De Thou, Mezerai.*)

LE CARDINAL.

Votre Majesté aura la bonté de voir le Roi, & elle lui dira de tout cela ce qu'elle jugera à propos.

SCENE IV.

La Scéne est à Amboise dans le cabinet du Cardinal de Lorraine.

LE CARDINAL DE LORRAINE; AVENEL, *Avocat.*

LE CARDINAL.

AVENEL, tout ce que vous m'apprenez est incroyable.

AVENEL.

De Thou, Mezerai, Varillas, Daniel, Le Gendre, &c.

Monseigneur, il n'y a pas un fait d'exagéré, & il falloit que l'extrêmité fût bien grande pour que je prisse la résolution de parler : c'est avec regret que j'accuse mes freres. Il sembleroit qu'à la façon dont on traite ceux de notre Religion, un Réformé ne seroit pas fait pour veiller au salut des Catholiques ; mais j'ai crû voir que la Religion n'étoit que le prétexte de la conjuration, que nos chefs servoient moins la réforme que leur ambition, & que nous autres peuples séduits par leurs discours, nous pensons nous armer pour conserver la liberté de conſcience, tandis qu'en effet on ne nous employe que pour ſe rendre les maîtres de l'État. En un mot, Monſeigneur, c'eſt à vous & à Monſieur votre frere que l'on en veut : je reſpecte en vous le choix du Roi, ainſi j'ai crû devoir vous informer du coup qui étoit prêt à vous accabler. *Brulart.*

LE CARDINAL.

Je reconnois les Colignis.

AVENEL.

Non, Monſeigneur, ce ne ſont point les Colignis ; l'Amiral eſt le plus honnête homme du monde, auſſi fidéle au Roi qu'à ſa Religion ; on craint trop ſa probité pour l'admettre à un pareil ſecret, & vos ſoupçons ſur ſon compte ſont injuſtes & mal fondés.

LE CARDINAL.

Et c'eſt la Renaudie qui eſt le chef déclaré de cette entrepriſe, tandis que le Prince de Condé n'attend que l'événement pour ſe montrer ?

AVENEL.

Oui, c'eſt la Renaudie, Gentilhomme d'une ancienne famille du Périgord.

LE CARDINAL.

Oh ! Je le connois bien. Le même homme qui s'arme aujourd'hui contre Monſieur de Guiſe & moi, doit la liberté à mon frere qui le fit ſauver des priſons de Dijon (*a*). Et le jour de l'exécution eſt marqué, dites-vous ? *Brantoſme.*

(*a*) Il avoit été mis en priſon pour des fauſſetés qu'il avoit faites dans un Procès qu'il avoit contre le Greffier du Tillet.

AVENEL.

Au quinze de ce mois de Mars. Peut-être que le parti que vous avez pris de quitter Blois ſubitement pour venir à Amboiſe, y apportera quelque retardement : mais croyez que jamais conjuration ne fut ſi générale ni ſi ſecrette. Toutes les Provinces n'attendent que le ſignal, & ont chacune leur chef qui doit conduire le ſecours qu'elles fourniſſent : la Gaſcogne eſt aux ordres de Chaloſſes ; le Béarn, du Capitaine Mazéres ; Limoges & le Périgord, de Dumeſnil ; le Poitou, le Pays d'Aunis & l'Angoumois, de Maillé de Brézé ; l'Anjou & le Maine, de la Cheſnelayes ; la Provence, de Chateauvieux....

De Thou, La Place, Mezerai, Varillas, Daniel.

LE CARDINAL.

Qu'entens-je !

AVENEL.

J'en omets bien d'autres ; & ce que je vois le plus à craindre pour vous, c'eſt le ſang froid des conjurés ; ils ne mettent ni chaleur, ni emportement dans leurs démarches : ce n'eſt point une armée nombreuſe de rébelles qui s'avance avec éclat & avec fureur, ce ſont des troupes d'élite, & en très-petit nombre, que l'on fait filer ici, où l'on ſait que vous étes ſans défenſe, & qui, au moment de l'exécution, ſeront ſuivies d'un million d'autres.

LE CARDINAL.

Allons chez la Reine, il faut qu'elle apprenne par vous-même juſqu'au moindre détail de cette importante affaire. [*Ils ſortent.*]

SCENE V.

La Scéne est dans le Château d'Amboise, dans la chambre du Prince de Condé.

LE PRINCE DE CONDÉ, L'AMIRAL DE COLIGNI.

LE P. DE CONDÉ.

MAIS, Monsieur l'Amiral, je ne vous comprens point. Vous, le plus ferme appui de la réforme en France; vous, le sujet le plus fidéle qu'ait le Roi; vous, dont le courage ne connoît point les dangers, sur-tout ceux où le devoir vous engage, vous demeurez tranquille dans le moment où l'État est sur le penchant de sa ruine, & où la Religion va être détruite! Que faut-il de plus que ce qu'entreprennent les Guises contre l'un & contre l'autre? Ils font passer le Roi à Bar à son retour du Sacre, pour le faire renoncer à la Souveraineté du Barois en faveur du Duc de Lorraine l'aîné de leur Maison. Dubourg, le modéle des Magistrats, cet oracle du Parlement de Paris, vient d'être brûlé en Place de Gréve comme le dernier des scélérats, parce qu'il n'a pas voulu trahir sa conscience : de malheureux Officiers viennent demander pour prix de leur sang,

De Thou, Mezerai.

De Thou, Mezerai.

De Thou, Mezerai.

non pas des récompenses, mais le payement de leur solde, & pour réponse le Cardinal de Lorraine fait élever il y a quinze jours un échaffaut dans le milieu de Fontainebleau, pour y pendre le premier qui osera se présenter devant le Roi.

L'AMIRAL.

De Thou, La Place, Brantosme, Mezerai, Varillas, Bayle, Le Gendre, &c.

Seigneur, je connois les Guises, je suis attaché au Roi, & plus encore à ma Religion : mais Dieu m'a-t-il armé pour réformer les abus ? Est-ce par la force que l'on défend la Religion que l'on professe ? Le premier devoir d'un Sujet est l'obéissance : fasse le Ciel que nos Rois soient éclairés, & qu'ils choisissent de bons Ministres ! Mais ces Ministres, quels qu'ils soient, les représentent ; ils exercent leur autorité, & nous devons y être soumis. Par rapport à la Religion, comme nulle considération humaine ne doit nous engager à la trahir, aussi ne faut-il pas qu'elle serve de prétexte pour manquer à cette soumission, qui est l'obligation la plus essentielle d'un citoyen. Dieu est assez puissant pour faire triompher la véritable Religion quand il le voudra ; & s'il la laisse dans l'abaissement, il faut adorer ses decrets sans prétendre les pénétrer : voilà quels sont mes principes, nulle vûe humaine n'y entre, & je suis prêt également à être le martir de la Réforme & de la soumission que je dois au Roi.

LE P. DE CONDÉ.

Ainsi l'État sera en proie à des tyrans, le Roi à la séduction, le culte de Dieu aux fureurs de la superstition : on pourra s'opposer à tant d'horreurs, & il faudra se tenir tranquille. Certes vous vous faites une étrange idée de la Divinité, si vous croyez que ce soit ainsi qu'elle veut être honorée.

L'AMIRAL.

Mais, Seigneur, ne nous abusons point. Est-ce en effet le bien de l'État qui nous souleve contre Messieurs de Guise? Et est-ce le zéle de la Religion qui vous irrite contre les Catholiques? L'Amiral de Coligni ne sait pas dissimuler ses pensées, surtout avec un Prince pour qui il donneroit sa vie, & à qui, à plus forte raison, il doit dire la vérité. Avouez-le, Seigneur; la Religion, l'État, Dieu, le Roi, ce sont de grands motifs sans doute, mais sont-ce bien là les véritables? Le Prince de Condé revêtu tout-à-coup de grandes Charges, & comblé de richesses, continueroit-il à trouver l'État mal gouverné? Lui importeroit-il beaucoup quel culte seroit préféré en France, si sa personne l'étoit à celle de ses concurrens? Oh! Mon Prince, nous nous trompons étrangement sur le motif de nos actions.

On ne peut nier que Messieurs de Guise occupent une place où vous aviez droit de prétendre; mais cela est arrivé de tous les tems, & les Rois prennent leurs Ministres où il leur plaît. Les Guises viennent de dépouiller le Roi d'une de ses plus belles mouvances par la cession du Barois, c'est un crime de léze Majesté, mais je n'ai point de caractére pour punir ce crime: ils laissent périr de malheureux Officiers faute de leur payer ce qui leur est dû, & la forme de leur refus est encore plus barbare que le refus même: mais il faut convenir qu'à la mort du Roi l'État devoit plus de quarante millions, & qu'il y avoit des dettes pressantes & indispensables à acquitter (*a*). On vient d'exécuter Dubourg, j'en ai versé des larmes de sang; mais le jugement de son procès étoit suspendu, l'Électeur Palatin intercédoit pour lui : on pouvoit se flatter d'adoucir le Roi, quand tout-à-coup l'on apprend que le Président Minard, ce zélé catholique, a été assassiné en revenant du Palais; que Robert Stuard, un fanatique parmi les Réformés, est violemment soupçonné de ce crime; & que si le Premier Président le Maistre & le Président de Saint André n'eussent pas été retenus chez eux pour affaires le même jour, on leur réservoit le même sort : alors la fureur se réveille contre nous, & Dubourg en est la victime. Que vous dirai-je, Seigneur? Je suis persuadé que l'on ne poursuit les Réformés qu'en haine de leurs chefs, dont on craint l'ambition, & que si l'on étoit bien convaincu que les chefs voulussent demeurer en paix, on nous y laisseroit.

De Thou, Mezerai, Varillas, Daniel, Le Gendre.

LE P. DE CONDÉ.

Votre amitié a bien des droits sur moi, & je vous pardonne de ne pas rendre justice à mes intentions : mais permettez-moi de vous éclairer à mon tour sur les vrais devoirs des Sujets envers leurs Souverains, & sur les bornes qui leur sont prescrites. On a consulté des Jurisconsultes & des Théologiens de

(*a*) Les Vénitiens pressoient pour le remboursement des sommes qu'ils avoient prêtées. Les Suisses vouloient quitter faute d'avoir reçû leur paye pendant cinq ans; & il étoit à craindre que le commerce de Lyon ne passât à Genéve, si l'on manquoit à payer à l'échéance ce qui étoit dû aux Banquiers de Lyon. (*De Thou, Varillas.*)

France & d'Allemagne, qui ont répondu que l'on pouvoit prendre les armes contre une autorité qui n'étoit pas légitime, telle que celle de Messieurs de Guise.

L'AMIRAL.

On fait dire à ces gens-là tout ce qu'on veut. N'ont-ils pas approuvé le divorce de Henri VIII? Notre véritable casuiste est notre conscience.

De Thou, Larrei, Rapin Thoiras.

LE P. DE CONDÉ.

Ainsi donc ce seroit en vain que je vous ferois voir combien il nous est facile de remettre le Gouvernement dans des mains fidéles, & de le rendre à ceux à qui l'administration en appartient pendant la minorité, car c'en est une que la foiblesse de François II. Ainsi vous apprendriez avec indifférence, que sais-je? peut-être avec chagrin, que nous sommes au moment de voir nos freres délivrés des dangers de la persécution, & le Roi affranchi de l'esclavage de Messieurs de Guise; que Médicis, oui Médicis elle-même, plus esclave que son fils, avouera toutes nos démarches si elles sont heureuses, & qu'elles le seront pourvû qu'elles soient autorisées par des chefs respectés tels que vous, votre brave frere, &, si j'ose dire, par moi. Mais si nous abandonnons des hommes zélés qui agissent pour le bien de l'État & de la Religion, il n'y aura bien-tôt plus ni État, ni Religion.

L'AMIRAL.

Vous croyez bien qu'il n'y a pas de jour que l'on ne cherche à me surprendre par les motifs les plus puissans, l'appas du Commandement, la défense de la vérité, le ſalut des Réformés; & que l'on a eu ſoin de me faire entendre que l'on ne vouloit que mon conſentement, & que tout étoit diſpoſé pour une révolution. Mais, Seigneur, je n'entens que la voix du devoir, & cette voix m'apprend que tout Sujet qui s'arme ſans l'ordre de ſon Roi eſt un rebelle. Vous me parlez de la Reine, cela ſeroit bien différent, elle a un droit réel à l'autorité ſous un Roi mineur par ſa foibleſſe (*a*).

LE P. DE CONDÉ.

Mais cependant, Seigneur, nous touchons au moment de cette révolution, & votre circonſpection indiſcrette en va faire perdre tout le fruit. Que dis-je? La conſpiration eſt ſûe, & l'on ne peut plus agir qu'à force ouverte. Tous les environs ſe rempliſſent de nos Troupes, elles s'aſſemblent par pelotons ſous l'autorité de la Renaudie, & la Cour ne ſait pas que j'y prens part. Malheureux qui ignorent qu'ils ſont découverts, & qui courent à la boucherie croyant marcher à la victoire!

L'AMIRAL.

Je vais voir la Reine; & ſi je ne crois pas devoir ſervir des rebelles, je ne dois pas abandonner des hommes bien intentionnés. Avec vous j'ai défendu l'autorité Royale, mais avec elle j'en attaquerai l'abus.

LE P. DE CONDÉ.

Voilà de bien foibles moyens dans le moment préſent.

(*a*) En effet ce fut la Reine qui autoriſa l'Amiral à prendre les armes, lorſqu'elle ſe retourna du côté des Réformés. Il les avoit quittés avant la Saint Barthelemi, & avoit déclaré qu'il aimoit mieux mourir que de continuer la Guerre Civile.

L'AMIRAL.

Je n'en sais rien.

SCENE VI.

LE PRINCE DE CONDÉ, L'AMIRAL, UN HUISSIER *du Cabinet.*

L'HUISSIER.

LA Reine demande Monsieur l'Amiral, elle l'attend dans son cabinet.

L'AMIRAL.

Vous lui direz que vous m'avez trouvé avec M. le Prince de Condé à qui j'avois à parler, & que je vais me rendre à ses ordres.

LE P. DE CONDÉ.

Je ne la crois pas tranquille, non plus que ses Ministres.

L'AMIRAL.

C'est de quoi je vais juger. [*Il sort.*]

SCENE VII.

LE PRINCE DE CONDÉ,
LA ROCHE DU MAINE.

LA ROCHE DU MAINE.

SEIGNEUR, vous n'étes pas libre.

LE P. DE CONDÉ.

Moi !

LA ROCHE DU MAINE.

Oui, vous.

LE P. DE CONDÉ.

Et sur quel prétexte ?

LA ROCHE DU MAINE.

De Thou, Mezerai, Varillas, Daniel, &c.

Sur le prétexte que vous étes le chef muet de la conjuration, votre appartement est environné, & l'on vous garde à vûe.

LE P. DE CONDÉ.

Voilà des méfiances de Messieurs de Guise.

LA ROCHE DU MAINE.

Cependant vous n'ignorez pas sans doute ce qui se passe hors la ville.

LE P. DE CONDÉ.

J'arrive, & je ne sais rien.

LA ROCHE DU MAINE.

De Thou, Mezerai, Daniel,

On a écrit aux Gouverneurs des Villes & des Provinces, pour leur ordonner d'arrêter tous les gens armés que l'on verroit prendre le chemin d'Amboise.

Varillas, Le Gendre, &c.

LE P. DE CONDÉ.

Je savois cela, & j'ai rencontré à Orléans Marsilli de Cipierre (*a*) qui étoit chargé de cette commission.

LA ROCHE DU MAINE.

Des Conjurés que l'on a arrêtés ont parlé; ils ont dit que la Renaudie, quoiqu'averti qu'il étoit découvert, n'a pas laissé de s'avancer jusqu'à Carreliere qui n'est qu'à une journée d'ici. Ligniere, un de leurs chefs, est venu de lui-même trouver la Reine avec des détails bien plus précis. Le jour de l'assemblée qui devoit être le quinze, c'est-à-dire demain, étoit remis au dix-sept à cause que la Cour avoit changé de lieu. Castelnau devoit se rendre à Noisai, ici près, avec des Troupes conduites par Mazéres : il y est venu en effet; le Duc de Nemours (*b*) averti s'y est aussi transporté, & a investi le Château où ils s'étoient retranchés : ces malheureux ont offert de se rendre, pourvû qu'il leur fût permis de

De Thou, Mezerai, Varillas, Daniel, Le Gendre, &c.

(*a*) Il étoit Gouverneur du Duc d'Orléans (depuis Charles IX.). Lorsque Charles IX. fut parvenu à la Couronne, on trouva que pour l'honorer davantage, il falloit qu'un Prince du Sang fût toujours auprès de lui afin de veiller sur sa conduite, & l'on donna cet emploi au Prince de la Roche-sur-Yon, mais Cipierre ne laissa pas de conserver son emploi; ces deux Gouverneurs s'entendirent bien. » Le Prince » cédoit beaucoup à Cipierre qui, étant très-sage, portoit aussi grand » honneur & révérence au Prince ...... Et il faisoit très-bon voir » ces deux Messieurs les Gouverneurs près la Personne du Roi, tenans » leurs rangs comme il falloit, l'un haut & l'autre un petit bas. (*Brantosme.*)

(*b*) Ce Prince étoit d'une branche cadette de la Maison de Savoie, & fut l'ayeul du Duc de Nemours tué en 1652. par le Duc de Beaufort son beau-frere.

venir porter leurs plaintes au Roi ſans aucun riſque de leurs perſonnes ; le Duc de Nemours a promis au-delà de ſes pouvoirs : ils viennent d'arriver, & on les a tous renfermés dans les priſons.

De Thou.

SCENE VIII.

LE PRINCE DE CONDÉ, LA ROCHE DU MAINE, DANDELOT.

DANDELOT.

NOUS avons été appellés ici à d'étranges ſpectacles. On a rencontré hier au ſoir dans la forêt quantité de gens de piéd qui étoient armés, la plûpart ont été taillés en piéces, & ceux que l'on a faits priſonniers viennent d'arriver ici liés & traînés à la queue des chevaux, & ſur le champ ils ont été pendus aux crénaux des murs du Château, bottés & éperonnés. Pendant qu'on les exécutoit, on a vû arriver le corps de la Renaudie, que Pardaillan avoit attaqué dans la forêt de Château-Renaud ; la Renaudie l'avoit bleſſé, & le Valet de Pardaillan l'a tué d'un coup d'arquebuſe : le corps de ce malheureux a été coupé par quartiers, & expoſé ſur des pieux aux environs de la Ville. Cependant tous les priſonniers du Duc de Nemours ont été tirés des priſons

De Thou, Mezerai.

De Thou.

De Thou, Mezerai, Daniel.

ſons, on a noyé les uns, on a pendu les autres : ce qui ajoute à l'horreur, c'eſt que les Guiſes ont eu ſoin que les freres du Roi fuſſent préſens à ces ſpectacles, ſans doute afin d'accoutumer de bonne heure ces jeunes Princes à répandre le ſang de leurs Sujets ; tous les Seigneurs & toutes les Dames de la Cour ſont aux fenêtres pour voir les exécutions, la ſeule Ducheſſe de Guiſe déſavouant ſon mari & ſon beau-frere, verſe des larmes & tâche de calmer la Reine.

De Thou.

De Thou. Varillas.

LA ROCHE DU MAINE.

C'eſt le fruit de l'éducation que lui ont donnée la Ducheſſe de Ferrare ſa mere, & la célébre Fulvia Morata ſa gouvernante.

De Thou. Varillas.

DANDELOT.

Cependant, à quatre lieues à la ronde on maſſacre tous les hommes que l'on rencontre, & il n'y a point de Village où il ne s'en trouve trente, quarante, plus ou moins. Le Maître des Eaux & Forêts a eu ordre de tuer ſans forme de procès tout ce qu'il a rencontré, & ſous ce prétexte, de pauvres marchands ont été volés & aſſaſſinés : on voit entrer par toutes les portes de la Ville des priſonniers qui reçoivent la mort en arrivant, les rues ſont inondées de ſang, & les corps ſont jettés dans la Loire qui en eſt couverte. Un de ces malheureux prêt à être exécuté, a trempé ſes mains dans le ſang de ſes compagnons qui venoient de mourir, & les élevant vers le Ciel, *voilà*, dit-il, *ô Dieu très-bon & très-puiſſant ! le ſang innocent de ceux qui ſont à vous, dont vous ne laiſſerez pas la mort impunie.* Ce qu'il eſt important, Sei-

De Thou. Varillas.

De Thou.

gneur, que vous ſachiez, c'eſt que Raunai appliqué à la queſtion pour ſavoir ſi vous ou le Roi votre frere n'étiez point impliqués dans cette affaire, Raunai a déclaré que le Roi de Navarre n'y étoit point entré, mais qu'il avoit oüi dire à la Renaudie, que ſi l'affaire avoit un heureux ſuccès, vous feriez déclaré le chef des Conjurés.

LE P. DE CONDÉ.

Ah! C'eſt auſſi trop abuſer de ma patience; la Roche du Maine, la Reine vous aime, & je compte ſur vous; allez la trouver, & dites-lui qu'il faut enfin que je la voye.

SCENE IX.

LE PRINCE DE CONDÉ, DANDELOT, LA ROCHE DU MAINE, BRICHANTEAU DE BEAUVAIS.

LA ROCHE DU MAINE.

MAIS que veut Brichanteau?

BRICHANTEAU.

Seigneur, c'eſt à regret que j'exécute la commiſſion dont je ſuis chargé.

LE P. DE CONDÉ.

De quoi s'agit-il?

BRICHANTEAU.

De fouiller dans votre appartement, où l'on prétend qu'il y a des armes cachées.

LE P. DE CONDÉ.

Vous y pouvez chercher, mais en ma présence; afin qu'on n'y mette pas des armes qui n'y étoient pas.

BRICHANTEAU.

Seigneur!

LE P. DE CONDÉ.

Je sais que vous étes honnête homme, mais vous servez des traîtres; & j'avoue que je suis surpris qu'un homme élevé dans notre Maison (*a*) se soit chargé d'une pareille commission. Allons; & vous, la Roche du Maine, voyez la Reine comme je vous en ai prié. *La Place.*

(*a*) Nicolas de Brichanteau Sieur de Beauvais Nangis, Chevalier de l'Ordre de Saint Michel, fut en 1536. Guidon de 50. hommes d'armes de la Compagnie d'Antoine de Bourbon, lors Comte de Marle, qui fut depuis Duc de Vendosme & Roi de Navarre. Il fut fait prisonnier à la Bataille de Dreux, & y reçut une blessure dont il mourut, après avoir langui long-tems, en 1564. âgé de 54. ans. On peut remarquer dans sa vie, qu'à la prise de Calais & de Thionville il eut charge d'empêcher qu'aucun tort ne fût fait aux femmes & aux filles par l'insolence des soldats victorieux. (*Vies des graves & illustres Personnages.*)

SCENE X.

La Scéne est dans l'appartement de la Reine.

LA REINE, L'AMIRAL DE COLIGNI.

L'AMIRAL.

EH quoi, Votre Majesté n'est-elle pas accablée des horreurs qu'elle voit? Est-ce régner que de régner par le sang? Et nos maîtres sont-ils nos bourreaux? Quoi, Médicis l'ornement de la Cour du feu Roi, le charme de tous les honnêtes gens, l'asile des malheureux, la protection de tous ceux qu'opprimoit l'infame Diane: Médicis assez instruite pour ne pas confondre la superstition avec la Religion véritable, c'est elle qui se prête à des forfaits inoüis, qui permet que l'on souille le Trône de son fils du sang de ses plus fidéles Sujets, qui souffre que ses propres enfans jouissent des cris de ces infortunés que l'on traîne à la mort sans les entendre, & dont les derniéres paroles appellent en vain le nom d'une Reine qui fut autrefois si juste & si compatissante?

LA REINE.

Croyez que les spectacles affreux qui m'environnent coûtent autant à mon cœur qu'au vôtre: si Coligni est vertueux, Médicis est sensible; mais si vous étes vertueux, comment prenez-vous la déſenſe des Rebelles ? Et puiſque Dieu m'a confié la défenſe de l'autorité Royale, comment puis-je ne pas punir les ſéditieux ?

L'AMIRAL.

Sans doute, la révolte eſt le plus grand des crimes ; & une Religion dont la premiére loi ne ſeroit pas la ſoumiſſion au Souverain, ſeroit une fauſſe Religion : mais Votre Majeſté peut-elle ne pas voir qu'il ne s'agit point ici de Religion, & que les échaffauts & les buchers ne ſont que des trophées exécrables élevés à l'ambition de Meſſieurs de Guiſe ? Ceux que l'on vient de punir ont été pris les armes à la main, j'en conviens, & je déteſte leur entrepriſe ; mais qui ne connoît le peuple ? Ne ſait-on pas combien il eſt aiſé de l'animer ? Et ſi on lui donne de juſtes ſujets de ſe plaindre de la tyrannie, faut-il le livrer tout-à-coup à la mort, ſans examiner s'il a raiſon de ſe plaindre ? Tout Sujet qui ſe fait juſtice lui-même eſt digne de mort ; mais des Sujets qui la réclament cette juſtice, & qui ne s'arment que contre la violence de ceux qui veulent les écarter du Trône pour les empêcher d'y porter leurs plaintes, de tels Sujets ſont-ils ſi criminels ? Sur-tout quand il n'y a aucun d'eux qui ne donnât mille fois ſa vie pour ſon Roi.

Quand je parle de l'ambition de Meſſieurs de Guiſe, c'eſt, Madame, ſans être jaloux de leur puiſſance ; j'en prens Dieu à témoin, Dieu que je n'atteſtai jamais en vain, ce Dieu ſait que loin d'envier leur place, nulle conſidération humaine ne me la feroit accepter : qu'ils jouiſſent en paix du Ciel irrité, c'est à ceux qui les employent & qui se chargent de leurs crimes, à en rendre compte un jour à leur Juge & au mien : mon état, à moi, est de servir mon Roi dans ses armées, mon ambition de vaincre ses ennemis, ma récompense d'avoir bien servi.

LA REINE.

Mais si vous n'attaquez pas Messieurs de Guise, & si vous ne défendez pas les Rebelles, qu'est-ce donc que vous prétendez ? Car que Messieurs de Guise gouvernent bien ou mal, au moins ont-ils raison en un point suivant les principes de tous les Catholiques, c'est de vouloir détruire la nouvelle Religion ; & je ne vois pas que, hors vous autres, nul homme puisse leur en faire un crime.

L'AMIRAL.

Bayle. Si la nouvelle Religion étoit aussi utile aux Guises qu'elle leur est contraire, ils en seroient bien-tôt les protecteurs.

LA REINE.

Et pourquoi leur est-elle contraire ? N'est-ce pas parce qu'elle sert de prétexte aux séditieux pour former un parti dans l'État.

L'AMIRAL.

Cela est vrai, mais ce parti qui existe, & qui existera toujours sous des maîtres tyranniques, ce parti que je déteste, ne devient redoutable que par la persécution que l'on exerce contre la Religion ; & ce prétexte cesseroit bien-tôt, si cette Religion cessoit d'être persécutée. Ne nous ordonnez pas d'agir contre notre conscience, abandonnez-nous à nous-mêmes, contentez-vous de nos victoires, & laissez-nous nos opinions ; ne nous regardez plus que comme des Sujets utiles, & qui ne demandent de récompense que de n'être point gênés dans leur Religion : alors les séditieux resteront seuls de leur parti, & ils n'auront plus à se parer dans l'esprit du peuple de la défense d'une Religion que l'on n'attaquera plus. Le peuple a tort, à la vérité, de se laisser aller à la révolte par quelque motif que ce puisse être ; mais ne doit-on pas ménager la foiblesse des esprits? Ce sont vos enfans, il faut compatir à leur misére, & leur ôter les moyens de se nuire à eux-mêmes : Madame, j'en suis le garant à Votre Majesté, que nos Prêches soient libres, & il n'y aura plus de cabales ; il y aura des séditieux sans doute, mais ils se lasseront de l'être quand ils ne seront plus secondés : au lieu que si l'on continue de faire des martyrs, leur sang en sera un germe inépuisable. Daignez croire un sujet fidéle qui ne veut que votre gloire. [*Il se met à genoux.*] Nous ne demandons ni emplois, ni dignités, ni trésors ; nous demandons la liberté de conscience en même tems que nous nous lions à l'État & au Roi par les chaînes de la reconnoissance & de la Religion. Ma Reine s'attendrit, elle m'écoute.... Un Édit, Madame, un Édit qui nous permette uniquement de nous retirer chacun dans nos maisons, & d'y vivre conformément à nos principes ; je vous répons alors de nos freres, ou s'ils étoient assez osés pour se révolter, il faudroit qu'ils commençassent par s'immoler Coligni, Dandelot, & tant d'autres braves sujets qui ne connoissent que Dieu & le Roi. *De Thou.*

LA REINE.

Hé bien, voyez Monſieur le Chancelier.

SCENE XI.

LA REINE, LE PRINCE DE CONDÉ, LE CARDINAL DE LORRAINE, *qui entre par un autre côté que le Prince de Condé.*

LE P. DE CONDÉ.

De Thou, Mezerai.

JE demande juſtice, Madame; ſi mes ſervices ſont rejettés, ce n'eſt pas une raiſon pour rendre ma fidélité ſuſpecte. Je trouve Meſſieurs de Guiſe devenus bien modeſtes, de chercher des prétextes pour me deſſervir auprès du Roi & de Votre Majeſté : ne ſuffit-il pas de leur volonté pour cela? Et n'eſt-on pas à vos yeux tout ce qu'ils veulent que l'on paroiſſe?

LA REINE.

Prince de Condé, votre reſſentiment eſt juſte, mais vous ne l'étes pas dans vos conjectures. Ce n'eſt pas ma faute ſi le Roi eſt aſſiégé dans Amboiſe par ſes propres Sujets, & ſi ceux des Conjurés que l'on a arrêtés vous chargent tous d'être leur Chef; il ſera aiſé de vous en faire juge vous-même, car vous n'aurez qu'à vous cacher pendant qu'on les interrogera.

LE CARDINAL.

Madame, il n'eſt pas étonnant que des miſérables ſe parent d'un grand nom pour autoriſer leur audace, & on ſait la créance que méritent de pareilles déclarations. *De Thou.*

LE P. DE CONDÉ.

Eh, que m'importent les diſcours de la populace, ſoit qu'elle diſe ce qu'elle imagine, ſoit qu'elle répéte ce qu'on lui fait dire. Ce n'eſt pas à moi à me cacher, Madame, mais que Monſieur le Cardinal ſe cache lui-même, & qu'il entende ce qu'on dira de lui & des ſiens. Le croira-t-on jamais, que ſur de ſi foibles indices on faſſe arrêter un Prince du Sang? Car du moment que je ſuis entré dans ce Château, je n'y ai pas été libre.

LA REINE.

Le Roi a dû le faire pour ſa propre ſûreté, non aſſûrément qu'il eût rien à craindre de vos intentions, mais on impoſoit par-là aux ſéditieux, ſoit à ceux qui vous croyent de bonne foi dans leur parti, ſoit à ceux qui vouloient ſeulement ſe ſervir de votre nom, en leur faiſant voir que vous leur devenez inutile. Mais, Seigneur, il eſt tems que tous ces troubles finiſſent, & vous apprendrez par l'Amiral de Coligni ce que j'ai bien voulu faire en faveur des Réformés.

SCENE XII.

LA REINE, LE PRINCE DE CONDÉ, LE CARDINAL DE LORRAINE, BRICHANTEAU.

BRICHANTEAU.

MADAME, on eſt aux mains.

LA REINE.

Comment!

BRICHANTEAU.

De Thou, Varillas, Daniel.

Tout ſembloit tranquille dans la Ville, quand tout-à-coup on a entendu crier aux armes du côté de la petite porte des Minimes qui eſt ſur la riviere; c'étoit le Capitaine la Motte qui s'avançoit pour ſurprendre ce poſte avec des troupes conduites par Champs, Coqueville, & Chandieu le frere du Miniſtre de l'Égliſe de Paris. Auſſi-tôt le Duc de Nemours eſt accouru, qui m'a chargé d'avertir le Duc de Guiſe: les nouveaux Arquebuſiers (*a*) qui ſervent à la garde de la Perſonne du Roi, s'étant trouvés le plus près, l'ont ſuivi conduits par Richelieu; & l'on ne doute pas que cette derniere tentative

(*a*) Après la Conjuration d'Amboiſe, le Roi créa une nouvelle Compagnie d'Arquebuſiers pour la garde de ſa Perſonne, & en donna le Commandement à Antoine Dupleſſis-Richelieu, couſin-germain du Cardinal de Richelieu. (*De Thou.*)

n'ait le ſuccès des premiéres : je retourne en ſavoir des nouvelles.

LE CARDINAL *regardant la Reine lui dit tout bas.*

Vous voyez ?

SCENE XIII.

LA REINE, LE PRINCE DE CONDÉ, LE CARDINAL DE LORRAINE, LA TROUSSE, *Prévôt de l'Hôtel.*

LA TROUSSE.

TOUT eſt tranquille, Madame ; à peine nous nous ſommes préſentés, que les ſéditieux ſe ſont éloignés des murailles, & ont pris la fuite : ils comptoient d'être ſecondés du côté de la Ville, & en effet on s'eſt apperçu de quelques mouvemens, qui ont ceſſé ſi-tôt qu'on a eu arrêté Ville-Mongai cadet de Briquemaut, & quelques autres : on a voulu s'aſſurer du jeune Maligni le fils de Louiſe de Vendoſme, qui s'eſt trouvé chargé par quelques dépoſitions d'avoir voulu aſſaſſiner Monſieur de Guiſe, mais il a eu le tems de ſe ſauver, ayant monté ſur un cheval que lui a prêté Devaux le premier Écuyer du Prince [*montrant le Prince de Condé.*] Comme je venois rendre compte à Votre Majeſté, *Varillas.*

j'ai paſſé devant la porte du Chancelier Olivier ; où j'ai trouvé tous ſes gens en pleurs : ce grand homme (*a*) venoit de mourir de ſaiſiſſement de tant d'horreurs.

De Thou, Mezerai.

LA REINE.

Prince de Condé, je vous en fais juge.

LE CARDINAL.

Plus les attentats ſont grands, moins un ſi grand Prince en peut être ſoupçonné ; mais je ne crois pas qu'il y ait un bon François qui ne ſente le danger d'une ſecte que rien ne rebute, & qui s'anime par les ſupplices. Hélas ! il en coûte la vie à un des grands Magiſtrats qu'ait eus la France.

LA REINE.

Daniel.

Voyons enfin à quoi nous devons nous réſoudre : le Prince de Condé ſera le maître de prendre congé du Roi quand il le jugera à propos.

(*a*) On lit dans le livre intitulé *Perroniana* & *Thuana*, que François Olivier laiſſa un fils naturel qui fut le Cardinal Séraphin ; ſa petite-fille épouſa Pierre Dubois Seigneur de Fontaines Marant & Dupleſſis en Touraine, dont la poſtérité hérita, faute d'hoirs mâles du Chancelier, du Marquiſat de Leuville qu'elle poſſéde aujourd'hui. (*Le P. Anſelme.*)

Fin du troiſiéme Acte.

ACTE IV.

SCENE PREMIERE.

La Scéne est à Fontainebleau, dans l'appartement de la Duchesse de Guise.

LA DUCHESSE DE GUISE,
LE MARÉCHAL DE BRISSAC.

LA D. DE GUISE.

MONSIEUR le Maréchal, il y avoit bien longtems que je desirois de vous connoître ; vos importans emplois dans le Piedmont, où vous avez acquis la réputation du plus grand Général de l'Europe, ne vous ont pas permis de venir à la Cour depuis que j'y suis, & j'y vois avec plaisir l'ami le plus fidéle de Messieurs de Guise. *Brantosme, De Thou, Mezerai, Varillas, Daniel.*

LE MARÉCHAL.

Madame, je leur dois trop pour ne leur être pas absolument dévoué ; & le Gouvernement de Picardie dont s'est défait l'Amiral de Coligni, & pour lequel j'ai été préféré au Prince de Condé, ne fait que serrer plus étroitement des nœuds qui m'attachent à eux pour toute ma vie. *De Thou.*

LA D. DE GUISE.

J'ai voulu vous entretenir ſur ce qui nous regarde, & vous ouvrir mon cœur ſur ce que je penſe de la conduite de Meſſieurs de Guiſe.

LE MARÉCHAL.

Madame, le Maréchal de Briſſac ſe trouve ici dans une Terre étrangere; la Cour eſt un pays qu'il ne faut pas quitter un ſeul jour ſi l'on veut s'y reconnoître, la ſurface reſte à-peu-près la même, mais les reſſorts en changent à tous les momens : j'aurois pu vous mieux informer autrefois.

LA D. DE GUISE.

Brantoſme, Mezerai. Je ſais que nul homme de la Cour ne devoit être plus inſtruit que vous, du vivant du feu Roi : l'intérêt que Madame de Valentinois prenoit à vous n'eſt ignoré de perſonne, & peut-être que ce fut cet intérêt qui détermina le Roi à vous éloigner; mais les grands hommes profitent de la diſgrace même pour acquérir de la gloire. Je vous dirai donc que je ne ſuis pas tranquille ſur notre ſituation; tous les eſprits ſont prévenus contre nous, & je ne vois pas que l'on ait grand tort.

LE MARÉCHAL.

Comment voudriez-vous que le Duc de Guiſe ne fît pas des jaloux? Tous les faits d'armes mémorables qui ont illuſtré le dernier Régne, ne ſont-ils pas ſon ouvrage? Les grands hommes que nous voyons, ou ont été malheureux à la Guerre, ou *Brantoſme.* n'ont été heureux qu'en ſervant ſous lui. C'eſt une choſe ſinguliére, que ce qui arrive à ce Prince, il n'a jamais eu d'autre grade militaire que celui de

Capitaine de Gendarmes, & naturellement il devroit être sous de simples Maréchaux de Camp : cependant aucun homme n'a jamais osé lui disputer le Commandement : il s'est vû à la tête des Armées, donnant l'ordre au Connétable même, &, pour ainsi dire, le Général de ses Généraux.

LA D. DE GUISE.

Oui ; mais fait-il bien tout ce qu'il faut pour se faire pardonner tant de gloire par ses rivaux ? Et n'abuse-t-il pas de ses avantages ? Si l'envie est un mal nécessaire pour ceux que leurs talens mettent au-dessus des autres, au moins faudroit-il qu'ils se rendissent agréables au Peuple, à qui il importe peu par qui il soit commandé : loin de prendre ce parti, il semble qu'il prenne à tâche de se faire haïr ; cet homme que je croyois si doux est devenu cruel, le sang des ennemis ne lui suffit pas, il lui faut celui de ses propres citoyens.

LE MARÉCHAL.

Je ne reconnois point le Duc de Guise à ce portrait, & votre compassion pour les Rebelles vous emporte trop loin.

LA D. DE GUISE.

Dites plûtôt que l'intérêt que je dois prendre à un homme dont je porte le nom, me rend plus clairvoyante. Je sais que mon beau-frere le Cardinal de Lorraine a la plus grande part à toutes les exécutions : mais qu'importe que le Duc de Guise ne fasse que se prêter aux cruautés que son frere lui inspire ? En est-il moins barbare, & en est-il moins haï ? Maréchal de Brissac, la situation où nous sommes eſt trop forcée pour pouvoir durer, les eſprits ſont trop animés pour qu'on puiſſe ſe flatter de les changer : on n'extermine pas toute une Nation, & les malheureuſes victimes de Meſſieurs de Guiſe trouveront enfin un vengeur. N'eſt-ce pas une choſe inouïe que de dégrader les Princes du Sang au point de leur arracher tous les honneurs & toutes les dignités de l'État. Meſſieurs de Guiſe ſont des Étrangers admis en France par les Valois, ils doivent ménager & reſpecter mes parens, & tout ce qui compoſe cette auguſte Maiſon. D'ailleurs, pourquoi perſécuter les Réformés ? En vérité Monſieur de Guiſe, le Cardinal lui-même perſuaderont-ils jamais que c'eſt le zéle de la Religion qui les fait agir ?

Varillas.

LE MARÉCHAL.

Madame, trouvez bon que je vous contrediſe ſur ce point, & qu'en convenant du danger où Meſſieurs de Guiſe s'expoſent, je vous repréſente qu'en agiſſant pour la véritable Religion, ils agiſſent pour la tranquillité de l'État. Deux Religions ſont deux Trônes élevés dans une Monarchie, dont il faut tôt ou tard que l'un des deux ſoit abattu, & qui s'entraînent ſouvent l'un par l'autre. Il n'importe pas d'examiner les motifs qui font agir ceux qui défendent la Religion ancienne, il faut uniquement conſidérer s'ils agiſſent utilement.

LA D. DE GUISE.

Ainſi donc vous autoriſez les cruautés & les barbaries que l'on exerce contre ces malheureux.

LE MARÉCHAL.

On n'a que trop tardé à détruire la ſemence empoiſonnée des novateurs : non-ſeulement ils troublent le Pays qu'ils habitent, mais ils ſuſcitent des Étrangers qui cherchent à profiter des diſſentions domeſtiques ; & ces ennemis ſont d'autant plus dangereux, qu'ils ſont composés & de Catholiques & de Calviniſtes : les premiers, ſous prétexte de défendre la vraie Religion, prennent connoiſſance de nos affaires, & forment des partis parmi nous, c'eſt ce que fait aujourd'hui l'Eſpagne : & les ſeconds, tels que les Princes d'Allemagne, ſe préparent à venir à force ouverte au ſecours des Rebelles ; enſorte qu'un État ſe trouve inveſti & par ceux qui le défendent, & par ceux qui l'attaquent.

LA D. DE GUISE.

Ainſi, Monſieur, voilà les Princes du Sang brouillés ſans retour avec notre Maiſon, & vous n'imaginez pas que nous devions les rechercher.

LE MARÉCHAL.

A Dieu ne plaiſe que je penſe ainſi ! Meſſieurs de Guiſe doivent faire toutes ſortes d'avances au Prince de Condé, & par reſpect pour ſa perſonne, & pour faire voir au Peuple qu'ils ſe rangent à leur devoir ; mais je crois en même tems que toutes les tentatives ſeront inutiles : la fierté du Prince de Condé eſt inacceſſible, rien ne l'adoucit. Ne vient-on pas de donner aux Princes du Sang une grande marque de conſidération ? Le Duc de Montpenſier a eu le Gouvernement de Touraine, & le Prince de la Roche-ſur-Yon celui d'Orléans. *De Thou, Varillas.*

LA D. DE GUISE.

Oui, parce qu'ils ſont dévoués à la Reine : mais qu'a-t-on fait pour le Roi de Navarre & pour le Prince de Condé ? N'eſt-ce pas une choſe honteuſe de voir ce dernier ſans Charges & ſans Gouvernement (*a*) ? Et n'étoit-il pas au moins de la bienſéance d'appuyer auprès du Roi d'Eſpagne la demande que le Roi de Navarre faiſoit de la Sardaigne ? Mais enfin, Monſieur le Maréchal, ſi vous n'entrez pas dans mes raiſons, ne les combattez pas du moins auprès de mon mari & de mon beau-frere. Je vais redoubler mes inſtances pour tâcher de les ramener à des ſentimens plus doux : Madame la Ducheſſe de Ferrare (*b*) ma mere, qui vient d'arriver, a déja commencé, mais je crains ſa hauteur : fille de Louis XII. elle croit toujours parler à des Sujets, & Meſſieurs de Guiſe ne croyent l'être de perſonne : il faut des bouches plus timides pour les perſuader. La Reine m'écoute avec bonté, & elle connoît la droiture de mes intentions : enfin la Du-

(*a*) Louis I. Prince de Condé n'avoit pas 6000 livres de rente quand il entra dans le monde. (*Le Gendre.*)

(*b*) Renée Ducheſſe de Ferrare, fœur de la Reine Claude, mourut à Montargis le 12. Juin 1575. Marot avoit été ſon Secrétaire. Henri II. ſouffrant impatiemment que cette Princeſſe fût la plus zélée de tout le parti proteſtant, avoit envoyé une inſtruction au Duc de Ferrare ſon mari, portant que faute par elle de renoncer à ſes erreurs, » Sa Majeſté veut & entend, & de fait prie & exhorte très- » inſtamment Monſieur le Duc de Ferrare qu'il ait à faire mettre la- » dite Dame en lieu ſéparé de congrégation & converſation, où » elle ne puiſſe gâter perſonne que ſoi-même, lui ôtant ſes propres » enfans & toute ſa famille entiérement de quelque Nation qu'ils » ſoient, leſquels ſe trouveront chargés ou véhémentement ſoupçon- » nés deſdites erreurs & fauſſes doctrines, pour leur faire leur procès. (*Caſtelnau.*)

cheſſe de Montpenſier agit de concert, & peut-être pouvons-nous eſpérer que la Maréchale de Saint André nous ſecondera.

LE MARÉCHAL.

La Maréchale de Saint André! Ah! Madame, le Prince de Condé aime ſes maîtreſſes pour en être aimé, & point du tout pour en être gouverné. Voyez Mademoiſelle de Limeuil, elle eſt devenue groſſe au milieu de la Cour, on l'a chaſſée ſans que le Prince de Condé ait eu ſeulement l'air de s'en appercevoir. Mais je vois Monſieur le Cardinal, je vous laiſſe enſemble; ſoyez ſûre que j'agirai toujours conformément à vos véritables intérêts.

SCENE II.

LE CARDINAL DE LORRAINE, LA DUCHESSE DE GUISE.

LE CARDINAL.

MA ſœur, le Roi vient de nommer Michel de l'Hoſpital pour ſucceſſeur du Chancelier Olivier; j'avois jetté les yeux ſur Jean de Morvilliers (*a*)

(*a*) Il étoit natif de Blois, iſſu de la famille de Philippe de Morvilliers qui fut Premier Préſident au Parlement de Paris dès l'an 1420. & de Pierre de Morvilliers, Chancelier de France en 1461. Catherine de Médicis le fit entrer dans la ſuite au Conſeil, où il fut toujours

De Thou, Mezerai, Varillas.

Évêque d'Orléans, mais il s'est senti trop foible ; & ; toutes réfléxions faites, je crois qu'il a eu raison, & l'Hospital nous conviendra mieux (*a*) : c'est un homme qui nous est attaché ; il avoit suivi en Italie le Connétable de Bourbon, & a été amené en France par le Cardinal de Tournon : la jeune Duchesse de Savoye l'avoit emmené depuis à Nice en qualité de son Chancelier, & il n'en est revenu que sur la nomination du Roi que je lui ai envoyée.

LA D. DE GUISE.

C'est un bon choix ; je l'entretins long-tems aux nôces de Marguerite, & il me parut un homme fort sage : mon frere, des hommes tels que celui-là sont bien nécessaires dans le tems présent.

opposé au Chancelier de l'Hospital, parce qu'il aspiroit à avoir les Sceaux, comme en effet il les eut en 1568. lorsque la Reine les envoya redemander par Pierre Brulart Secrétaire de ses commandemens, au Chancelier de l'Hospital qui se retira de la Cour. Jean de Morvilliers mourut à Tours le 23. Octobre 1577. âgé de 70. ans.

(*a*) Sa fortune étoit médiocre ainsi que sa naissance, car il n'étoit pas de l'ancienne Maison de l'Hospital-Choisi ; il étoit, suivant les uns (*Varillas*), fils d'un Juif qui avoit été Médecin du Connétable de Bourbon ; suivant d'autres (*notes sur de Thou*), il étoit fils d'un Médecin de la Duchesse de Lorraine ; &, suivant Mezerai, petit-fils d'un Juif d'Avignon. Le Lieutenant Criminel Morin qui l'avoit entendu plaider avec éclat, lorsqu'il n'étoit qu'Avocat au Parlement de Paris, lui donna sa fille en mariage avec une Charge de Conseiller au Parlement (*Varillas*). Il fut depuis Président des Comptes, Maître des Requêtes & Conseiller d'Etat. Lorsque l'Hospital eut appris son élévation, il crut qu'avant que d'y consentir il devoit prendre ses mesures avec le Cardinal Bertrandi qui étoit en Italie ; ce dernier avoit été nommé Garde des Sceaux lorsqu'on avoit relégué Olivier dans sa maison ; & ses Lettres de Provision qui avoient été enregistrées au Parlement de l'exprès commandement du feu Roi, portoient que si Olivier mouroit avant lui, il lui succéderoit dans la dignité de Chancelier : ainsi l'Hospital ne voulut faire aucune fonction de sa Charge, qu'après que Bertrandi eut renoncé à son droit. (*De Thou.*)

LE CARDINAL.

Plus néceſſaires que vous ne ſauriez croire. Nos jours, ces jours paſſés dans un travail ſans relâche, ſont enviés par les oiſifs de la Cour ; ſans talens ou ſans volonté, ils ne peuvent ſouffrir les hommes qui ſe ſacrifient à leur bonheur : au moins, ſi étant jaloux de leur gloire, il l'étoient de ſe rendre auſſi néceſſaires qu'eux, on leur pardonneroit leur ambition ; mais ils n'ont que de la vanité, & du ſein de la molleſſe & de l'indolence ils accuſent la fortune de ne rien faire pour eux, tandis qu'ils ne font rien pour elle. Je voudrois bien ſavoir de quel droit le Roi de Navarre ſe plaint de n'être pas employé ? Voudroit-il l'être ? Que prétend le Prince de Condé ? Toujours ſe battre ? Eſt-ce donc avec les armes ſeulement que l'on ſert l'État ? Et ſi nous ne lui préparions pas des Armées, ſi nous ne ménagions pas des Alliés, ſi les revenus de l'État étoient mal adminiſtrés, que deviendroit ſa valeur, & à qui commanderoit-il ? Les autres ne valent pas la peine d'être nommés. Non, c'eſt trop ſervir des ingrats.

LA D. DE GUISE.

Ah ! Du moins ſi vous étes envié, ne ſoyez pas haï ; ce n'eſt pas la faute de la vertu ſi elle excite la jalouſie, mais n'a-t-elle pas tort quand elle s'attire la haine ? Monſieur le Cardinal, voyez tous les malheureux qui nous environnent, & tous les maux que vous avez cauſés ! Voyez nos Villes teintes de ſang, & tant de familles déſolées qui vous redemandent ce qui leur étoit le plus cher.

LE CARDINAL.

Vous avez raison, mais la Religion......

LA D. DE GUISE.

Non, la Religion n'est pas cruelle, & la charité en est le lien, comme elle en est le fondement.

LE CARDINAL.

J'ai peut-être trop suivi mon zéle, j'en conviens; mais les choses vont prendre une autre face, & vous seriez bien étonnée si vous voyiez actuellement chez moi quatre Ministres que j'ai mandés. *De Thou.*

LA D. DE GUISE.

Le Ciel soit béni.

LE CARDINAL.

Ils hésitoient de s'y rendre, mais la nouvelle Déclaration qui porte une abolition générale pour le passé sur le fait de la Religion, a fait cesser toutes leurs craintes. Je vous quitte; voyez Madame la Duchesse de Ferrare, & apprenez-lui ce qui se passe. [*Il sort.*]

LA D. DE GUISE.

Puissions-nous enfin respirer! Puissent mes craintes cesser pour tout ce que j'aime dans le monde (*a*)! Ah! Le voilà.

(*a*) Comme je ne veux rien avancer dont je n'aye la preuve, je dois avertir ici qu'il n'est prouvé nulle part que la Duchesse de Guise ait aimé M. de Nemours du vivant de son mari; mais il est certain qu'elle l'épousa peu après avoir été veuve, c'est-à-dire, trois ans environ après le tems dont je parle : il est certain qu'elle l'épousa par amour, & il est encore certain que dans le tems dont je parle, le Duc de Nemours étoit amoureux d'une grande Dame qu'aucun Historien ne nomme par respect; c'en seroit sans doute beaucoup plus qu'il n'en faut pour supposer cet amour dans une Tragédie ordinaire, mais dans celle-ci je ne dois pas induire le lecteur dans la moindre erreur, ainsi je ne donne ce fait que comme une vraisemblance : on sait d'ailleurs que le Duc

SCENE III.

LA DUCHESSE DE GUISE, LE DUC DE NEMOURS.

LA D. DE GUISE.

HÉ bien, les esprits s'adoucissent, & nous pouvons espérer la fin de nos miséres.

LE DUC DE NEMOURS.

Oui, Madame, le malheureux Duc de Nemours ne sera plus obligé pour vous prouver son attachement, de partager les fureurs de Messieurs de Guise. Qui le pourroit croire, que la Princesse la plus vertueuse qui fut jamais, ne pût être servie que par le meurtre & la proscription, & qu'elle y employât l'homme du monde qui en a le plus d'horreur?

LA D. DE GUISE.

Ah! Si vous pouviez voir mes douleurs..

LE DUC DE NEMOURS.

C'est ce qui redouble ma peine; aussi je dévore chaque jour les dégoûts que l'on me donne dans le parti où vous m'avez engagé, & je vous fais le sacrifice des victimes que j'immole, en même tems que mon cœur & mon bras se refusent à de semblables cruautés. Pensez-vous que j'aye vû tranquillement

de Nemours étoit l'homme le plus galant & le plus accompli de son tems; c'est le même que celui du Roman de la Princesse de Cleves.

De Thou, Mezerai, Varillas.

égorger des malheureux qui s'étoient rendus à moi sur la foi du pardon de leur révolte ? Mais enfin je vous vois, & Messieurs de Guise n'ont point de serviteur plus fidéle, parce qu'on n'a jamais tant aimé.

LA D. DE GUISE.

Prince, je vous aime, mais nous ne sommes plus à nous ni vous ni moi, & nous nous trouvons liés l'un & l'autre par des chaînes qui remontent jusqu'au Ciel, & que le tems qui détruit tout ne fait que rendre plus fortes.

LE DUC DE NEMOURS.

Ah ! S'il ne s'agissoit que de moi, vous savez ce que c'est que mon engagement, & vous n'ignorez pas que mon mariage avec Mademoiselle de Rohan ne sauroit subsister (*a*).

LA D. DE GUISE.

Eh, en suis-je plus libre ? Non, nous ne pouvons plus espérer d'être l'un à l'autre : que mes regrets vous suffisent ; & si vous étes aussi généreux qu'il est vrai que je vous aime, contentez-vous, ou plûtôt plaignez-moi des sentimens que j'ai pour vous.

LE DUC DE NEMOURS.

Quels sentimens que ceux de l'estime & de l'amitié, des sentimens que l'on peut mériter, & qui ne sauroient se refuser aux services & à la probité ! Ah, que les miens sont différens ! Vous le savez, le Duc Nemours vous fut dévoué le premier moment qu'il vous vit ; & je n'attendis pas, Madame,

(*a*) Le Duc de Nemours avoit fait une promesse de mariage à Mademoiselle de la Garnache, de la Maison de Rohan, & il en eut un fils qui porta toute sa vie le titre de Prince de Genevois.

pour vous consacrer ma vie, que le tems m'eût fait connoître toutes les vertus qui vous rendent le plus digne objet des vœux du monde entier.

LA D. DE GUISE.

Ah! Prince, ai-je attendu plus long-tems à vous aimer? Que dis-je? à vous l'avouer. Vous étes ce que je cherchois, & ce que mon cœur n'avoit pas encore rencontré : mon mariage avec Monsieur de Guise étoit arrêté avant que ni lui ni moi nous nous connussions; l'engagement que nous avons pris ne me l'a pas attaché, & malgré cela je lui donnois les sentimens que l'on doit à son époux, je ne croyois pas qu'il y en eût d'autres que ceux-là : vous parûtes à la Cour, & je fus bien-tôt détrompée. Vous ne l'avez point oublié, c'étoit au mariage de Marie Stuard, pendant la fête que l'on donna lorsque son frere Bastard & le Comte d'Argail apportérent au Dauphin la Couronne d'Écosse; vous me parlâtes, & je ne vous cachai point ce que je pensois : l'innocence de mes intentions causa mon imprudence, ou plûtôt ma foiblesse; mais enfin ma vertu me rassuroit, & vous pouviez bien juger à la facilité avec laquelle je vous avouai mes sentimens, que ce seroit l'unique prix que vous deviez attendre des vôtres.

Varillas.

LE DUC DE NEMOURS.

O trop heureux Duc de Guise! vous vivez pour lui! Ses craintes, ses espérances, ses dangers, ses succès sont les vôtres.

LA D. DE GUISE.

Cela devroit être, & c'est ce qui me condamne à mes yeux. Non, tous les dangers ausquels s'expoſent Meſſieurs de Guiſe ne ſont devenus les miens que parce que vous les partagez. Prince, vous devenez barbare parce qu'ils le ſont, & c'eſt ma main qui vous conduit ! Quel étrange effet de notre attachement ! Eſt-ce une punition de ce qu'il eſt trop tendre ? Mais cet entretien a déja duré trop longtems, & vous étes le ſeul homme qu'il faut que j'évite, cependant ce qui ſe paſſe nous eſt trop important pour n'en pas parler : vous ſavez que le Cardinal ſe rapproche des Proteſtans ?

LE DUC DE NEMOURS.

Oui, je le ſai ; mais vous ignorez ce qui le détermine.

LA D. DE GUISE.

Comment ?

LE DUC DE NEMOURS.

De Thou. Perenot de Chantonai, frere du Cardinal de Granvelle & Ambaſſadeur de Philippe II. a entretenu la Reine ſur les troubles de ce Royaume : croiriez-vous qu'il lui a conſeillé pour les faire ceſſer, d'éloigner pour un tems les Princes de Guiſe de la Cour, & de remettre la principale autorité entre les mains des Princes du Sang & du Connétable ?

LA D. DE GUISE.

Le Roi d'Eſpagne ?

LE DUC DE NEMOURS.

Lui-même ; on imagine qu'il y a été porté par pluſieurs des parens de Monſieur de Montmorenci qui ſont à ſa Cour.

LA D. DE GUISE.

Si cela pouvoit les contenir.

LE DUC DE NEMOURS.

Je les trouve moins ardens depuis deux jours, ſur-tout le Cardinal : Madame la Ducheſſe de Ferrare les a maltraités, ils craignent de ſe trouver ſeuls au milieu de la Cour, le caractére de Médicis les tient en reſpect : ils redoutent ou ſa foibleſſe, ou ſon inconſtance, ou peut-être ſa diſſimulation : enfin on ne ſauroit douter qu'il ne s'apprête quelque grand changement ; & l'aſſemblée convoquée de tous les Princes du Sang, des Grands Officiers & des Miniſtres, doit produire un événement conſidérable.

LA D. DE GUISE.

Plût à Dieu ! Mais laiſſez-moi : je ſens que les plus grands intérêts ne ſont qu'un prétexte dont mon cœur profite malgré moi.... Laiſſez-moi.

LE DUC DE NEMOURS.

Vous le voulez, je vous quitte, Madame ; & ce moment ſi rare de pouvoir vous entretenir, ce moment ſi attendu eſt déja paſſé.

LA D. DE GUISE.

Adieu, je vais voir ma mere pour lui faire part des diſpoſitions où j'ai trouvé le Cardinal.

LE DUC DE NEMOURS & LA D. DE GUISE.

Adieu ! Adieu !

SCENE VI.

La Scéne est dans l'appartement de la Reine.

LA REINE, LA DUCHESSE DE MONTPENSIER.

LA REINE.

DUCHESSE, j'avois bien besoin de vous.

LA D. DE MONTPENSIER.

J'avois autant d'empressement de me rendre auprès de Votre Majesté : mon esprit se perd dans tout ce que je vois, les intérêts paroissent ici changer tout-à-coup, sans qu'il y en ait aucune apparence. Votre Majesté a entretenu long-tems plusieurs Réformés ; le Cardinal, à l'envi, affecte de les bien traiter, & le Roi d'Espagne abandonne Messieurs de Guise, eux qui fondoient toutes les espérances politiques de ce Prince, & par qui il pouvoit se flatter de bouleverser tout le Royaume.

De Thou, Mezerai, Varillas.

LA REINE.

Il est vrai qu'on ne pouvoit pas s'attendre au conseil que Philippe m'a fait donner par son Ambassadeur : le Cardinal de Lorraine ne sait où il en est : moi-même j'ai été assez crédule pour penser que ce Prince trouvant trop d'embarras à se mêler de toutes nos affaires, ou plûtôt assez occupé de ce qui se passe dans les Pays-Bas, vouloit regagner les esprits des Sectaires, en cessant de protéger les ennemis de la nouvelle Religion; mais je ne suis pas resté long-tems dans cette erreur, & j'ai bien-tôt apperçû la politique cruelle de ce Prince : il croit les Guises assez forts pour me tenir tête; il veut me commettre avec eux, & par-là augmenter les factions dont la France n'est déja que trop agitée; Monsieur le Chancelier ne s'y étoit pas mépris, & il m'a bien confirmée dans cette pensée. *De Thou.*

LA D. DE MONTPENSIER.

Votre Majesté reconnoîtra de quelle importance cet homme lui étoit dans les circonstances présentes. Monsieur de l'Hospital plus instruit que Monsieur le Cardinal de Lorraine, a tout le courage du Duc de Guise; ferme & plein d'expédiens, le plus savant homme du monde, & qui a le plus d'esprit, le plus rempli d'honneur, & sachant, s'il le faut, mépriser la réputation même, pour en faire le sacrifice au salut de l'État (*a*). Les hommes véritablement grands sont ceux qui rassemblent le plus de qualités opposées.

LA REINE.

Duchesse, c'est à vous que je le dois, & jamais

(*a*) Il y parut bien lors de l'Edit de Romorentin de 1560. par lequel le Roi ordonna, qu'à l'exclusion des Cours du Royaume, la connoissance du crime de l'hérésie appartiendroit à l'Evêque. Le Parlement avoit soutenu il y avoit cinq ans, avec courage, la compétence sur cette matiére : ensorte que la rumeur fut grande lorsque l'Édit parut; le Chancelier de l'Hospital qui en étoit l'auteur, ne s'en émût point: & enfin on reconnut qu'il avoit voulu par ce moyen éviter un plus grand mal, qui étoit l'inquisition, que Messieurs de Guise vouloient établir en France. (*De Thou.*)

vous ne m'avez si bien servi : aussi vous vîtes que je n'hésitai pas un moment quand vous me le proposâtes.

LA D. DE MONTPENSIER.

De Thou. N'admirez-vous pas comme Messieurs de Guise se font tout l'honneur de ce choix, & croyent qu'il est leur créature ? Il est vrai qu'il les avoit toujours ménagés, comme tout homme sensé doit ménager les gens en place ; mais en les ménageant, il apprenoit à les connoître.

LA REINE.

C'est par cela même qu'il m'est utile : mais comment ne croiroient-ils pas qu'il leur doit tout ? Je n'ai pas paru agir auprès de mon fils.

LA D. DE MONTPENSIER.

De Thou. Est-il vrai que ce qui a déterminé le Roi, ç'a été de certains vers que l'on dit être fort beaux, & que Monsieur de l'Hospital avoit faits (*a*) pour l'éducation des Enfans de France ?

LA REINE.

Oui : je les lui avois rappellés pour le disposer en sa faveur ; il n'en faut pas tant que l'on croit pour déterminer les plus grandes choses. Mais revenons, je vous prie, au Cardinal de Lorraine ; vous ne sauriez croire à quel point sa frayeur est montée.

(*a*) » Il fit un Discours au Roi François II. contenant *une instruction pour bien & heureusement régner* : ce discours est en vers latins, composés lorsqu'il étoit Premier Président des Comptes, & » depuis traduits en vers françois par Joachim du Bellai «. (*Histoire des Chanceliers, de François Duchesne.*)

LA D. DE MONTPENSIER.

Quoi, cet homme ſi violent !

LA REINE.

Cela ne me ſurprend pas, la violence vient ſouvent de la peur ; ce ſont deux extrêmes où l'on voit paſſer ſucceſſivement les hommes entreprenans & timides. Je voudrois que vous l'euſſiez vû tantôt : vous ſavez que c'eſt lui qui a le plus preſſé cette Aſſemblée compoſée de tous les Grands du Royaume (*a*) ; il y a paru tantôt haut, tantôt bas, furieux contre l'Amiral, qui, à la vérité, a préſenté avec aſſez d'inſolence une Requête au nom des Calviniſtes, puis affectant d'être touché de ce qu'ont dit l'Évêque de Valence & l'Archevêque de Vienne contre les ſupplices des Proteſtans, & conſentant à la convocation d'un Concile National, ſi le Pape refuſoit d'en convoquer un général : enſuite paſſant à un objet qui l'intéreſſoit davantage, il a bien ſurpris tout le monde en approuvant l'Aſſemblée des États qui viennent d'être indiqués pour le mois de Décembre. Ce qui m'a paru aſſez plaiſant, c'eſt que le Duc de Guiſe nous a dit que l'on aſſembleroit tant de Conciles que l'on voudroit, que tous les Conciles du monde ne lui feroient pas changer de croyance ; cela

De Thou.

De Thou ; Varillas.

(*a*) L'Aſſemblée ſe tint dans l'appartement de la Reine mere, où étoient le Roi, cette Princeſſe, la Reine régnante, & les freres du Roi ; au-deſſous étoient aſſis les Cardinaux de Bourbon, de Lorraine & de Guiſe ; enſuite leurs deux freres le Duc de Guiſe & le Duc d'Aumale, le Connétable, le Chancelier, Coligni, les Maréchaux de Saint André & de Briſſac, André Guillard du Mortier Préſident du Parlement, Jean de Morvilliers Evêque d'Orléans, Jean de Marillac Archevêque de Vienne, & Montluc Evêque de Valence ; les Chevaliers de l'Ordre étoient ſur des bancs au-deſſous. (*De Thou, Mezerai, Varillas.*)

n'eſt pas d'un grand Théologien, mais à travers ſon ignorance on voit bien que ſa politique fait toute ſa Religion.

LA D. DE MONTPENSIER.

En avez-vous douté? Mais ſoyez ſûre que ſon frere, pour être plus habile, n'en eſt pas meilleur Catholique, & que la grandeur de leur Maiſon eſt tout ce qui les occupe.

LA REINE.

Voilà où nous en ſommes. Cependant l'éloignement du Prince de Condé qui eſt allé rejoindre le Roi de Navarre, ne laiſſe pas de m'inquiéter; c'eſt ce qui a fait que j'ai deſiré de voir quelques-uns des plus accrédités des Réformés : en les approchant de moi je les calme, & en même tems je m'inſtruis de leurs affaires.

LA D. DE MONTPENSIER.

Varillas. Mais, Madame, une choſe tout auſſi inquiétante, c'eſt le mouvement des Troupes qui ſe fait dans tout le Royaume, & la forme nouvelle que l'on a obſervée dans la diſtribution de ces Troupes : le Duc de Nemours m'a fait faire cette remarque. Tous les Chefs ſont détachés de leurs Corps, pour ſervir avec d'autres Troupes que celles qu'ils commandent naturellement; enſorte que tous ceux qui ne ſont pas dévoués à Meſſieurs de Guiſe, ont avec eux les Troupes ſur leſquelles Meſſieurs de Guiſe peuvent compter plus ſûrement. Que veulent-ils donc entreprendre? Et quelle eſt leur intention? Se conduiroient-ils autrement s'ils vouloient ſe rendre indépendans du Roi & de vous? Sans doute qu'ils ont des

des émissaires dans chaque Corps, & que les Troupes ne marchent qu'à de certains ordres dont ils sont convenus. Je vous avoue que j'ai été frappée d'une pareille nouveauté.

LA REINE.

En effet cela est assez bisarre ; & je me rappelle que le Duc de Guise m'ayant apporté il y a quelques jours l'état des Troupes, je fus surprise du nouvel ordre qu'il y avoit mis ; il m'en donna je ne sai quelles raisons qui ne me parurent pas trop claires, mais dont alors je me contentai : croyez que je ne perdrai pas de tems à m'en éclaircir. Monsieur de l'Hospital a raison ; il dit qu'il pourroit arriver qu'en un moment le Roi & moi nous nous trouverions seuls dans le Royaume, entre les Troupes des Réformés qui obéissent aux Princes, & l'Armée des Catholiques qui ne connoissent que Messieurs de Guise. Il n'en sera pas ainsi, les succès des Guises les aveuglent, & je ne suis pas si loin des Réformés qu'ils le pensent.

SCENE V.

LA REINE, LA DUCHESSE DE MONTPENSIER, LE DUC DE GUISE, UN HUISSIER *du Cabinet.*

L'HUISSIER.

MONSIEUR le Duc de Guise est là.

LA REINE.

Qu'il entre. [*à la D. de Montpensier.*] Gardez-vous de laisser rien voir de ce que vous avez appris. [*au Duc de Guise.*] Hé bien, Duc de Guise, votre frere se met à la raison ; il commence à sentir comme moi, que la rigueur n'a fait jusqu'ici qu'aigrir le mal, il consent à un Concile, & il a été le premier à proposer l'Assemblée des États Généraux.

LE DUC DE GUISE.

Mon frere, Madame, a peut-être été trop loin d'abord : & aujourd'hui, par une terreur subite, il donne dans l'excès contraire, & se porte à des facilités dont on n'appercevra le danger que quand le mal sera sans remède ; ma conduite est tout aussi sévére que la sienne, mais elle est plus conséquente : elle eût été moins cruelle si j'en avois été crû, & je n'aurois pas choisi, pour me relâcher, le moment où peut-être les châtimens seroient le plus nécessaires.

LA REINE.

Vous prenez vous-même bien mal votre tems, pour regreter les partis de rigueur, lorſque tout le monde applaudit à la ſage réſolution qui vient d'être priſe.

LE DUC DE GUISE.

Votre Majeſté eſt mal informée, & Elle ignore ce qui ſe paſſe.

LA REINE.

Quoi, encore de nouvelles imputations?

LE DUC DE GUISE.

Non, Madame, ce ſont des entrepriſes nouvelles bien plus ſérieuſes que les premiéres, & c'eſt de quoi je venois rendre compte à Votre Majeſté.

LA D. DE MONTPENSIER.

Je me retire.

LE DUC DE GUISE.

Il n'eſt pas néceſſaire, Madame : je ſais vos diſpoſitions à notre égard, mais je ſais que vous êtes attachée à la Reine; & il eſt bon que vous connoiſſiez enfin, & les hommes que vous ſoutenez, & ceux qui ont le malheur de vous déplaire.

LA REINE.

[*à la D. de Montpenſier.*]

Demeurez. [*au Duc de Guiſe.*] Hé bien, qu'eſt-ce donc qu'il y a de nouveau?

LE DUC DE GUISE.

Vous l'allez apprendre. Votre Majeſté ſait que Monſieur le Prince de Condé, en s'en allant en poſte en Béarn, a eu une longue converſation près *De Thou, Mezerai, &c.*

de Montlhéri avec Damville (*a*). Cette conversation ......

LA REINE *ironiquement.*

Étoit sans doute une conjuration?

LE DUC DE GUISE.

Oui, Madame, une conjuration, & Votre Majesté en va juger.

LA REINE.

Voyons.

LE DUC DE GUISE.

Si-tôt que le Prince de Condé a été arrivé à Nérac, il a envoyé ici le Sieur la Sague Gentilhomme Gascon.

LA REINE.

Je le sais; c'étoit pour demander de l'argent dont il a besoin, à la Princesse de Condé sa femme, qui vient d'engager au Connétable sa Terre de Germigni pour dix mille écus.

LE DUC DE GUISE.

De Thou; La Place, Mezerai, &c.

Oui, c'étoit là le prétexte; mais voici quelle étoit la véritable commission de cet agent : étant arrivé à Fontainebleau, il a voulu séduire le nommé Bonval avec lequel il avoit servi dans le Montferrat.

LA REINE.

Bonval! Voilà une furieuse ressource pour un parti!

LE DUC DE GUISE.

Bonval a paru se prêter aux offres avantageuses de la Sague, & a tiré son secret.

(*a*) Damville, fils du Connétable, venoit à la Cour pour faire rompre le marché que Messieurs de Guise avoient fait du Comté de Dammartin.

LA REINE.

Qui étoit ?

LE DUC DE GUISE.

Qui étoit que ses maîtres se préparoient à venir à main armée s'emparer du Gouvernement ; qu'ils avoient dessein de prendre sur la route Poitiers & Orléans, tandis que le Connétable se rendroit maître de Paris par le moyen de son fils qui en est Gouverneur : Senarpont & Bouchavenes, de la Picardie : Jean de la Brosse-d'Estampes, de la Bretagne : & le Comte de Tande beau-frere du Connétable, de la Provence.

De Thou, Mezerai, Varillas, &c.

LA REINE.

Un homme peut dire ce qu'il veut.

LE DUC DE GUISE.

Cela est vrai.

LA REINE.

Mais quelle preuve a-t-il donnée à Bonval ?

LE DUC DE GUISE.

Ce n'étoit qu'un discours, j'en conviens ; cependant comme cela méritoit bien la peine d'être examiné, mon frere a fait suivre la Sague comme il s'en retournoit : on l'a arrêté, & on a pris les lettres dont il étoit chargé.

LA REINE.

Et que disent ces lettres ?

LE DUC DE GUISE.

Il y en a plusieurs de Messieurs de Montmorenci qui ne disent rien, & qui sont de simples complimens ; mais il y en a d'autres du Vidame de Chartres, qui s'expliquent davantage ; il y offre ses services aux Princes dans toutes les entreprifes qui concernent l'intérêt du Roi. Jufques-là on ne pouvoit pas conclure grand-chofe de cette découverte, mais la Sague preffé de dire ce qu'il favoit, nous a enfin avertis de mettre dans l'eau l'enveloppe qui enfermoit les lettres du Vidame (*a*), & que nous y apprendrions tout le fecret de fa commiffion. Heureufement Monfieur de l'Aubefpine avoit gardé cette enveloppe, & c'eft là que nous avons trouvé la confirmation bien détaillée de ce que la Sague avoit dit à Bonval.

La Place, Caftelnau.

LA REINE.

Ducheffe, cela mérite attention.

LA D. DE MONTPENSIER.

Sans doute, Madame.

LE DUC DE GUISE.

Monfieur le Cardinal doit porter ce papier à Votre Majefté, pour qu'Elle en juge par Elle-même, & qu'Elle ne s'en rapporte qu'à fes yeux.

LA REINE.

Et le Prince de Condé niera qu'il fût le Chef de la Conjuration d'Amboife!

(*a*) Il étoit le dernier de l'ancienne Maifon de Vendofme, qui fondit depuis dans la Branche de Bourbon; on le fit conduire à la Baftille où il n'eut permiffion de voir perfonne, pas même Jeanne d'Eftiffac fa femme; il y mourut quelques jours avant la mort de François II. de la fuite des débauches de fa jeuneffe. On difoit qu'il avoit été attaché à la Reine, & qu'il en avoit mal parlé. Meffieurs de Guife n'eurent pas de plus mortel ennemi depuis que le Vidame avoit difputé au Duc d'Aumale la Charge de Colonel de la Cavalerie Légere; le Duc d'Aumale l'avoit emporté par la faveur de la Ducheffe de Valentinois. (*De Thou, Varillas, &c.*)

[*àpart, à la Duchesse de Montpensier.*]
Il entend bien mal ses intérêts ; il me raméne malgré moi à ses ennemis, dans le tems......

SCENE VI.

LA REINE, LA DUCHESSE DE MONTPENSIER, LE DUC DE GUISE, LE MARÉCHAL DE BRISSAC.

LA REINE.

MARÉCHAL, que dites-vous de ce qui se passe ?

LE MARÉCHAL.

Votre Majesté voit mon indignation, & point du tout mon étonnement.

LA REINE.

Mais la Sague ne dit-il rien de plus ?

LE MARÉCHAL.

Il n'est pas question de ce que dit la Sague, mais bien plûtôt de ce qui vient d'arriver. Sans vous faire un plus long détail, Maligni a manqué de s'emparer de Lyon, où il avoit été envoyé par le Roi de Navarre ; il étoit déja maître du Pont qui est sur la Saone, & de la partie de la Ville qui est entre cette Riviére & le Rhône : & s'il eût été secondé par les Troupes qu'il avoit répandues secretement dans

De Thou, Daniel, &c.

tous les quartiers de la Ville, Lyon ne feroit plus au Roi.

LA REINE.

Les traîtres!

LE MARÉCHAL.

La Place, Varillas, Daniel, &c.

C'eſt l'Abbé de Savigni, Lieutenant de Roi ſous le Maréchal de Saint André ſon oncle, qui vient de nous mander ces nouvelles; il ajoute, qu'ayant fait venir Gondrin & Maugiron avec leurs Troupes, on étoit prêt à en venir aux mains, & que ſans doute Maligni auroit été écraſé, mais qu'il a encore mieux aimé lui faciliter la ſortie de Lyon, pour ne pas abandonner une Ville ſi opulente au hazard d'un Combat.

LA REINE.

Cet important ſervice ne reſtera pas ſans récompenſe (*a*).

LE MARÉCHAL.

De Thou, Varillas, Daniel, &c.

Ce n'eſt pas tout, la Ville de Valence eſt ſoulevée ainſi que celles de Montelimar & de Romans; & les Conjurés ont à leur tête de Comps, Montbrun, Saint Auban, & tant d'autres : les États du Pape ne ſont pas plus tranquilles, & Avignon eſt environné de Religionnaires armés, tandis que la Provence & la Normandie fourniſſent des rebelles, que Châteauneuf ami de la Renaudie s'avance vers la Ville d'Aix, où il prétend venger ſur les habitans la mort de ſon ami, & que Saint Lo, Caën, & Dieppe nous donnent les mêmes allarmes.

(*a*) Il fut fait Archevêque d'Arles.

LA REINE.

En voilà beaucoup, mais ces dangers ſont au-deſſous de mon courage : le ſang coulera de nouveau. [*à part.*] Et quel ſang !....... Ah ! J'apprendrai à ceux que je n'ai pu gagner, que Médicis n'eſt point politique par foibleſſe. Voyons les partis que l'on doit prendre, & que le Conſeil ſoit aſſemblé dans une heure.

Fin du quatriéme Acte.

ACTE V.

SCENE PREMIERE.

La Scéne est à Orléans, dans l'appartement de Madame la Duchesse de Guise.

LA DUCHESSE DE MONTPENSIER, LA DUCHESSE DE GUISE.

LA D. DE GUISE.

RIEN n'est plus étonnant que ce qui se passe : l'esprit de vertige s'est emparé de ce pays-ci : il semble que tout le monde soit convenu d'agir contre ses véritables intérêts, & l'aveuglement est extrême, de la part des Princes de Condé qui courent visiblement à leur perte, de la part de la Reine qui les y entraîne, & de la part de Messieurs de Guise par qui elle s'est laissé persuader. Que prétend-elle ? Quoi, elle attire dans Orléans les deux freres, sous prétexte d'assister aux États généraux ! Le Prince de Condé est arrêté en arrivant, & sur le champ on lui fait son procès ! Croit-elle immoler impunément de si grandes victimes ? Le peuple sera-t-il indifférent à une entreprise si violente ? Et les Réformés dont le Royaume est rempli, laisseront-ils un tel

De Thou, La Place, Castelnau, Mezerai, Daniel, Le Gendre.

parricide impuni ? Quelle folie à Messieurs de Guise de se flatter qu'une si horrible exécution restera sans vengeurs, & qu'ils se rendront les maîtres de la France en s'en rendant l'exécration ! Voilà donc la guerre allumée parmi nous ! Et quelle guerre ! Où la Religion armera jusqu'aux enfans, & où l'ambition croira ne voir jamais trop de sang répandu. Ah ! Madame, quelle ame assez insensible pourroit voir d'un œil sec de semblables calamités ?

LA D. DE MONTPENSIER.

Notre amitié est indépendante des partis où nous sommes liées, & Mademoiselle de Givri n'oublie pas les bontés de la Princesse de Ferrare. Madame, tout ce que vous dites n'est que trop vrai, & vous m'en voyez tout aussi consternée que vous : ne croyez pas que la Reine aime plus Messieurs de Guise, qu'elle hait Messieurs de Condé ; elle n'aime que le Roi, l'État, & sa propre Grandeur : elle ne voit dans les deux partis que des usurpateurs & des rebelles : mais la rebellion est claire, & l'usurpation se peut colorer. Le Cardinal prétend ne servir que l'État, & le Prince de Condé ne sauroit nier qu'il n'ait soulevé toutes les Provinces.... Mais qui croiroit que la femme du Duc de Guise pensât si généreusement sur les malheurs de la France, & qu'elle vînt avec moi pleurer sur ses ruines ?

LA D. DE GUISE.

C'est que si je suis femme de Monsieur de Guise, je suis fille d'une Princesse du Sang, & que, sans autre intérêt que celui de mon mari, je vois qu'il court à sa perte. Mais comment le Prince de Condé a-t-il pu venir ſe mettre à la merci de Meſſieurs de Guiſe? Et, s'il y vouloit venir, comment n'a-t-il pas du moins engagé le Roi de Navarre à demeurer à Nérac? Un des deux échappé au danger auroit contenu leurs ennemis communs, & en épargnant un crime à Meſſieurs de Guiſe, on empêchoit la Guerre Civile.

LA D. DE MONTPENSIER.

De Thou, La Place, Mezerai, Varillas, Daniel, Le Gendre.

Votre ſurpriſe ſera bien plus grande quand vous ſaurez toutes les imprudences de Meſſieurs de Guiſe, dont la moindre eût dû ouvrir les yeux au Roi de Navarre & à ſon frere : le Roi leur avoit écrit il y a deux mois de ſe rendre à la Cour, & pour les y engager, on avoit jugé qu'il falloit tromper la Comteſſe de Roye belle-mere du Prince de Condé, en lui faiſant entendre qu'il étoit de l'intérêt des Princes de venir ſe juſtifier de tout ce qu'on leur imputóit. Meſſieurs de Coligni abuſés appuyoient cette propoſition; ils écrivirent à leur ſœur de preſſer ſon gendre de partir, mais Madame de Roye n'ayant pas donné dans le piége, manda que le Prince obéiroit, pourvû qu'il lui fût permis d'arriver aſſez bien accompagné pour n'avoir rien à craindre de la haine de Meſſieurs de Guiſe : alors on tenta une autre voie, & le Cardinal de Bourbon, homme de peu d'eſprit, & livré, comme vous ſavez, à la Cour, fut chargé d'aller trouver ſes freres, le Roi de Navarre, & le Prince de Condé, pour les déterminer à venir : les hommes ſenſés de leur Cour, leur faiſoient voir la folie d'un tel voyage : le Comte d'Escars au contraire, & le Chancelier Bouchard (*a*) vendus au Cardinal de Lorraine, se joignirent au Cardinal de Bourbon, & le voyage fut résolu. Jusques-là la Cour s'étoit conduite assez habilement, mais à peine furent-ils partis que l'on envoye des Troupes dans toute la Guyenne, pour y arrêter les personnes suspectes, & pour raser tous les Châteaux que Jeanne d'Albret avoit apportés en mariage à son mari : c'en eût été assez pour avertir des hommes plus prudens ; on ne se contente pas de cela, on leur fait fermer les portes de Poitiers sur leur route, & par cette méfiance on leur laisse voir celle qu'ils auroient dû avoir ; c'étoit le dernier avis salutaire que la fortune leur pouvoit donner, mais leur mauvais génie l'emportoit. Non-seulement ils continuent leur voyage, mais le Cardinal d'Armagnac qu'on leur avoit dépêché, leur persuade de renvoyer toute la Noblesse dont ils étoient accompagnés, & qui faisoit leur sûreté, sous le prétexte de prouver à la Reine qu'ils étoient aussi assurés de son amitié que de leur innocence : le reste, vous le savez ; ils arrivent à Orléans, & le Prince de Condé est arrêté.

LA D. DE GUISE.

Hélas ! oui ; ils n'ont reçû aucuns honneurs en arrivant ici, nul courtisan n'est allé au-devant d'eux; Maillé-Brézé, & le Roi Chavigni Capitaines des Gardes, ont arrêté le Prince de Condé en sortant du Cabinet : je l'ai vû passer, on l'a mis dans cette tour de brique nouvellement faite que nous voyons d'ici, & que sans doute on avoit élevée à cette intention :

(*a*) Chancelier de Navarre.

nul n'a permiſſion de le voir, pas même le Roi de Navarre, qui, ſans être enfermé, n'eſt guéres plus libre que lui. Vous ſavez auſſi que l'on a arrêté Madame de Roye ſa belle-mere, & qu'on l'a enfermée dans le Château de Saint Germain. Mais quoi, la Reine ne ſent-elle pas la conſéquence d'une telle entrepriſe ?

LA D. DE MONTPENSIER.

La Reine entraînée tour-à-tour par le Cardinal de Lorraine & par le Chancelier de l'Hoſpital, paſſe en un moment d'une extrêmité à l'autre, & ne ſait à quoi s'arrêter. Le Prince eſt venu chez elle, elle a pleuré en le voyant ; étoit-ce des pleurs d'attendriſſement ou d'effroi ? Je n'en ſais rien, car je n'ai pu la voir, & peut-être l'ignore-t-elle elle-même : elle peut, Madame, faire mourir le Prince de Condé, ou chaſſer Meſſieurs de Guiſe, ſans qu'elle m'étonne, tant ſon ame eſt agitée ; & il faut convenir qu'elle doit l'être : la ſanté du Roi, au milieu de tant de troubles, donne de grands ſujets de réflexions ; enfin jamais moment ne fut plus redoutable. O grand Roi ! qui veilles ſur la France, & que la France invoque, eſt-ce fait de ton héritage ? Et le laiſſeras-tu détruire ?

SCENE II.

LA DUCHESSE DE MONTPENSIER, LA DUCHESSE DE GUISE, UN ÉCUYER.

L'ÉCUYER.

MADAME, Monſieur de Guiſe a fait demander avec qui vous étiez.

LA D. DE GUISE.

Vous le voyez, c'eſt avec Madame de Montpenſier. [*L'Ecuyer ſort.*]

LA D. DE MONTPENSIER.

Madame, je veux l'éviter; je ne répondrois pas de moi en le voyant: je ſors par votre cabinet.

LA D. DE GUISE.

Et moi, je vais le voir. Puiſſent les motifs de l'humanité & de la Religion, attendrir un cœur que l'ambition a rendu impénétrable! Mais, Madame, vous verrez la Reine?

LA D. DE MONTPENSIER.

Vous le croyez bien. [*Elle ſort.*]

LA D. DE GUISE.

Quelle converſation je vais avoir! Et que puis-je en eſpérer?

SCENE III.

LE DUC DE GUISE, LA DUCHESSE DE GUISE.

LE DUC DE GUISE.

QU'EST donc devenue Madame de Montpensier ?

LA D. DE GUISE.

Elle vient de me quitter.

LE DUC DE GUISE.

J'étois venu pour l'entretenir.

LA D. DE GUISE.

Et qu'auriez-vous pu lui dire ?

LE DUC DE GUISE.

Pensez-vous que les affaires présentes ne méritent pas bien que l'on s'en entretienne ?

LA D. DE GUISE.

Ah ! Monsieur, elles ne le méritent que trop. Mais qui croyez-vous pouvoir trouver sur la terre, hors ceux que l'intérêt attache à vous, qui puisse raisonner de sang froid sur les attentats redoublés qui se commettent sous vos yeux ?

LE DUC DE GUISE.

Madame......

LA D. DE GUISE.

Qui, Monsieur, vos flatteurs vous obsédent, & les

les personnes d'honneur vous évitent. Il faut pourtant que vous entendiez une fois la vérité, &, quoi qu'il m'en coûte, il faut que vous l'appreniez par ma bouche, puisqu'il ne vous reste que moi pour vous la dire : vous faites arrêter le premier Prince du Sang ! Y pensez-vous bien ?

LE DUC DE GUISE.

Moi, Madame ? Voyez l'ordre qui a été donné ; il est signé du Roi, du Chancelier, & des Seigneurs de la Cour ; vous n'y verrez pas mon nom ni celui de mon frere. De Thou ; Mezerai.

LA D. DE GUISE.

Et qui croyez-vous tromper ? Le Prince de Condé est prisonnier, sa prison est votre ouvrage : la barbarie est jointe à l'insulte, on refuse à sa femme de le voir ; & vous pouvez croire qu'une telle action demeurera impunie ? Ne voyez-vous pas tous les bras levés sur vous se disputer l'honneur de votre mort ?

LE DUC DE GUISE.

Prenez-vous-en à la Reine.

LA D. DE GUISE.

La Reine, coupable ou non, se sauvera par sa dignité, & quand les choses seront parvenues à l'excès, votre sang lavera ses torts & sa honte. La Reine ! Ah ! Connoissez-la mieux ; elle vous hait tout autant que les Condés : votre foiblesse a fait seule jusqu'ici toute votre force auprès d'elle ; elle ne vous a mis à ses côtés que par la crainte d'y voir assis des hommes plus puissans que vous, & dont la naissance pourroit balancer son autorité. La Reine ! Elle vous sacrifieroit mille fois pour le plus léger intérêt. Et qui ſait encore à quel parti elle ſe déterminera ? Si le Prince de Condé périt, vous périrez par la Nation ; ſi Médicis moins hardie le laiſſe échapper, vous périrez par lui. Ah ! Monſieur, pourquoi courir à une mort certaine qui ſera encore ſuivie du déshonneur ? Il en eſt tems, ſoyez humain, ſoyez juſte. [*Elle ſe met à genoux.*] Voyez votre femme à vos piéds vous implorer pour vous-même, & qui ne demande qu'à vous ſauver de vos propres fureurs.

LE DUC DE GUISE.

Ne croyez pas que je me méprenne à votre douleur, je connois la fierté de votre ſang : vous cherchez à défendre les Princes de votre Maiſon aux dépens de celle où vous étes entrée ; & ſi votre mari vous étoit ſi cher, le Duc de Nemours vous le feroit moins.

LA D. DE GUISE.

C'eſt dans l'état où je ſuis que vous m'outragez ! [*Elle ſe releve.*] Il vous ſiéd bien de me faire de ſemblables reproches ?

LE DUC DE GUISE.

Madame, je rens juſtice à votre vertu, mais je n'en ſuis pas moins inſtruit de vos ſentimens.

LA D. DE GUISE.

Hé bien, Monſieur, ſi vous doutez de l'intérêt que je prens à vous, ſoyez au moins ſûr de celui que je prens à votre fils. Qui ſait juſqu'où la fureur de la Nation pourra ſe porter ? Vous n'ignorez pas qu'on a cherché à l'enlever, afin que ſa vie répondît de celle des Bourbons : cet enfant malheureux (*a*) ne connoît encore de toute votre fortune, que les imprécations qu'il entend faire à son nom, & les hazards dont on menace sa personne.

LE DUC DE GUISE.

Il doit s'essayer aux dangers où la fortune l'appelle ; la véritable Religion attend de lui son défenseur.

LA D. DE GUISE.

Ainsi donc mes craintes ne font que commencer : mais, Seigneur, croyez-en un pressentiment trop funeste, elles ne seront que trop tôt justifiées ; & si vous persistez, vous & lui vous étes perdus.

LE DUC DE GUISE.

Le sort en est jetté, il n'est plus tems de reculer ; on n'insulte pas impunément les hommes au-dessus de soi : il faut que la mort du Prince de Condé, en me garantissant de son ressentiment, m'affranchisse d'un rival importun, après qu'une condamnation juridique aura appris son crime au monde entier.

LA D. DE GUISE.

Et vous croyez que le Roi de Navarre restera tranquille ?

LE DUC DE GUISE.

Le Roi de Navarre ? Je ne le craindrai bien-tôt plus. Que le Roi vive, c'est là ce qui m'occupe ; sa mort seule peut me mettre en danger : mais heureusement la fiévre l'a quitté, & ses forces reviennent à vûe d'œil. Le Maréchal de Brissac arrive, je vous prie de nous laisser ensemble. *De Thou.*

(*a*) Ce fut Henri Duc de Guise assassiné à Blois.

SCENE IV.

LE DUC DE GUISE, LE MARÉCHAL DE BRISSAC.

LE DUC DE GUISE.

HÉ BIEN, le Roi de Navarre?

LE MARÉCHAL.

De Thou, Castelnau. Vous ſavez que Monſieur le Cardinal étoit convenu avec le Roi de ce qui ſe paſſeroit : on devoit mander le Roi de Navarre, à qui le Roi auroit fait des reproches ſanglans de ſa rébellion; cet homme ſe ſeroit élevé contre de telles accuſations, la converſation ſe ſeroit échauffée, & ſur le champ on l'eût maſſacré. Au lieu de cela, le Roi de Navarre étant entré dans le cabinet du Roi, lui a baiſé la main d'une façon reſpectueuſe : le Roi, ou intimidé, ou adouci par ſa préſence, l'a bien traité.

LE DUC DE GUISE.

De Thou. O l'homme timide & lâche!

LE MARÉCHAL.

Mais ce qui eſt encore plus ſérieux, c'eſt la ſanté du Roi.

LE DUC DE GUISE.

Comment! Il étoit mieux.

LE MARÉCHAL.

Cela eſt vrai, & nous lui en faiſions compliment Paré & moi, quand tout-à-coup nous l'avons vû pâlir, ſes yeux s'égarer, & une couleur livide ſe répandre ſur ſon viſage.

LE DUC DE GUISE.

Hé bien?

LE MARÉCHAL.

J'ai regardé Paré qui a levé les yeux au Ciel.

LE DUC DE GUISE.

Ah! Perfide Médicis...... il n'y a pas un moment à perdre; ſi les Princes ſurvivent au Roi, c'eſt fait de nous, il faut hâter le jugement du Prince de Condé. *De Thou, Mezerai.*

LE MARÉCHAL.

Et le Roi de Navarre?

LE DUC DE GUISE.

Il faut qu'il périſſe en même tems : je vais voir la Reine, elle ne ſait pas que nos périls ſont communs, & elle ſe flatte peut-être d'en être quitte pour nous abandonner.

SCENE V.

LE CARDINAL DE LORRAINE, LE DUC DE GUISE, LE MARÉCHAL DE BRISSAC.

LE CARDINAL.

OU allez-vous?

LE DUC DE GUISE.

Chez la Reine.

LE CARDINAL.

Elle veut être ſeule, & on ne la verra que dans une heure : vous ſavez ce qui ſe paſſe?

LE DUC DE GUISE.

Le Maréchal de Briſſac m'a tout appris : où en eſt le procès du Prince de Condé?

LE CARDINAL.

Il a refuſé de répondre à la Commiſſion (*a*), en diſant qu'il ne devoit pas être jugé par des Commiſſaires, mais par le Roi, par les Pairs, & par toutes les Chambres du Parlement aſſemblées, comme il s'étoit pratiqué au procès du Duc d'Alençon : il a appellé au Roi, & enſuite au Conſeil Privé, de toutes

(*a*) Elle étoit compoſée du Chancelier, du Préſident de Thou, des Conſeillers Barthelemi Faye & Jacques Viole, &c. & de Du Tillet Greffier en chef. (*De Thou.*)

les procédures : on a déclaré ses appels nuls ; il a appellé de nouveau du Roi mal conseillé au Roi bien conseillé ; & enfin, pour vous abréger les détails, on a ordonné sur le Requisitoire de Bourdin Procureur Général, que s'il persistoit à ne vouloir pas répondre devant les Commissaires du Roi, il seroit déclaré atteint & convaincu du crime de leze Majesté, & que cependant on procéderoit au récollement & à la confrontation. La Princesse de Condé s'est jettée aux piéds du Roi, pour demander que l'on donnât un conseil à son mari, elle l'a obtenu & les deux Marillacs (*a*) sont avec lui. *Castelnau.* *De Thou.*

LE DUC DE GUISE.

Voilà qui est bien long.

LE CARDINAL.

Il n'a pas été possible d'aller plus vîte.

LE DUC DE GUISE.

Et le Roi de Navarre, enfin, qu'en faites-vous?

LE CARDINAL.

Je ne doutois pas qu'il ne touchât à son dernier moment, lorsqu'il est entré chez le Roi, vous en savez l'événement; il ne nous reste plus de ressource contre lui, que de faire connoître à la Reine ses véritables intérêts.

(*a*) Célébres Avocats. Cette Famille originaire d'Auvergne, a produit de Grands Hommes. Messieurs de Marillac qui furent donnés pour Conseil au Prince de Condé, étoient tous deux Avocats, & eurent un grand nombre de freres, dont entr'autres, un fut Archevêque de Vienne, l'ami particulier de Madame de Montpensier, & fort attaché aux Princes du Sang; un autre, Evêque de Rennes, & un autre fut pere du Garde des Sceaux & du Maréchal de France.

LE DUC DE GUISE.

Il faut la voir ; je vous préviendrai, & puis vous acheverez ce que j'aurai commencé. [*Ils ſortent.*]

SCENE VI.

La Scéne eſt dans le cabinet de la Reine.

LA REINE *ſeule, dans un fauteuil, appuyée ſur une table, les mains ſur ſon viſage.*

LE Roi n'a que peu de jours à vivre ; tout ce que Gauric m'a dit ne me ſort point de l'eſprit : il ſemble qu'un mauvais génie développe à chaque inſtant ſes prédictions ; des ſpéctres ſans nombre m'obſédent toutes les nuits ; je ne vois que des tombeaux & des fleuves de ſang autour de moi. Chere ombre de mon mari, c'eſt vous !.... Quels regards menaçans !.... Non, ce n'eſt pas moi...... Non, ce malheureux enfant ne pouvoit pas vivre (*a*) ; & ſi nos ſecrets ſont connus chez les morts, pourquoi m'accuſez-vous ?.... Mais que dis-je ? Et quelle eſt ma foibleſſe ? Réveille-toi, Médicis ; l'État eſt ta famille, & ſi François II. meurt, le Ciel l'aura permis pour

(*a*) Catherine de Médicis a été ſoupçonnée d'avoir empoiſonné le Dauphin François ſon beau-Frere, François II. & Charles IX. ſes fils. (*Abrégé de Mezerai.*)

ſauver la France des diviſions qui ſont prêtes à la déchirer : la calomnie m'attaque en vain ; jamais, ſi on en croit le peuple, un Prince n'eſt mort de ſa mort naturelle ; mais ce peuple, quand il aura ſenti ſes véritables intérêts, reconnoîtra qu'une minorité véritable vaut mieux qu'une majorité imaginaire.

De Thou, Mezerai.

Cependant quel parti dois-je prendre ? Si mon fils meurt, ſa mort m'affranchit du joug des Guiſes.... Oui, mais il faut pour cela que les Princes vivent ; car ſi je les perds, le parti des Guiſes, quoique privé du crédit de leur niéce, ne ſera toujours que trop puiſſant : n'en doutons point, mon autorité tient à leur conſervation ; & le Chancelier de l'Hoſpital a raiſon.

SCENE VII.

LA REINE, UN HUISSIER.

L'HUISSIER.

MONSIEUR le Duc de Guiſe eſt là.

LA REINE.

Il faut diſſimuler...... Qu'il entre.

SCENE VIII.

LA REINE, LE DUC DE GUISE.

LA REINE.

HÉ BIEN, Monſieur de Guiſe, où en eſt le procès du Prince de Condé ?

LE DUC DE GUISE.

Madame, Votre Majeſté le ſait mieux que moi, on le juge actuellement, & il ne peut éviter la juſte condamnation que mérite ſa révolte : des témoins ſans nombre ont été entendus, le procès-verbal fait à Lyon eſt ſans réplique, & il n'a pu nier aucun des faits dont on l'accuſe.

De Thou, Mezerai.

LA REINE.

J'avois oüi dire qu'il y avoit quelque difficulté.

LE DUC DE GUISE.

Non, Madame, il n'y en a point à ſa condamnation, mais il y en a beaucoup à la ſûreté de votre Perſonne, ſi Votre Majeſté ne prend dans le moment un parti de rigueur contre le Roi de Navarre.

LA REINE.

Pourquoi donc ?

LE DUC DE GUISE.

D'Avila.

Parce que, loin que la mort du Prince de Condé vous ſoit utile, elle vous devient fatale ſi le Roi de Navarre lui ſurvit, & que ſi l'un & l'autre ſurvivent au Roi, ils deviennent à l'instant les maîtres ; que la fonction de leurs Juges cesse, & qu'une fois mis en liberté, il n'y a point d'excès où ne les portent leur ambition & leur ressentiment.

LA REINE.

Nous n'en sommes pas là.

LE DUC DE GUISE.

Nous y touchons, Madame ; que Votre Majesté me permette de lui parler avec la vérité dont je fais profession : la tranquillité où je vous vois m'étonne, je cherche à l'expliquer, & je n'en trouve qu'une raison.

LA REINE.

Laquelle ?

LE DUC DE GUISE.

Vous croyez que notre crédit cesse à la mort du Roi, & vous ne vous trompez pas ; mais votre Majesté croit qu'en nous rendant la même autorité & la même confiance dont son fils nous avoit honorés, sa puissance en sera moins grande, & Elle se trompe : Elle se trompe bien davantage, en imaginant que si Elle se conserve Messieurs de Condé, ils la laisseront la maîtresse de l'État. Ah ! Madame, si notre foible crédit a pu vous blesser, si la mere du Roi a pu craindre auprès de lui une ombre de faveur qu'il avoit répandue sur nous qui n'étions que ses sujets, quelles seront & quelles devront être ses craintes, lorsqu'elle verra approcher du Trône des Princes qui peuvent y monter, qui tiennent leur pouvoir de leur naissance, & qui, en lui disputant l'autorité, ne feront que maintenir leurs droits ? Malheur à nous, si nous avons pu vous causer quel- *De Thou.*

que jalousie ; mais pour peu qu'elle eût été fondée, & que nous n'eussions pas, à force de soumissions & de respects, fait cesser vos soupçons, Votre Majesté avoit la Nation entiére toute prête à punir notre témérité, & à venger enfin l'autorité suprême blessée dans votre Personne : ici, Madame, c'est tout le contraire ; les Princes seront soutenus par cette même Nation qui les aura associés à l'absolu pouvoir : la Régence vous sera disputée par le Roi de Navarre, & s'il l'emporte, vos fonctions seront réduites à la simple éducation du Roi. Que Votre Majesté oublie que c'est moi qui lui parle, & que l'intérêt que j'ai à la persuader n'ôte rien à la force de mes raisons. Médicis soulagée par mon frere & moi, & ayant pour elle tous les Catholiques de la France, ne voit rien qui la contredise : Médicis à la merci des Princes du Sang & des Protestans, ne peut envisager que des divisions & des orages, & qu'un avenir funeste pour elle & pour la Nation.

LA REINE.

Mais, quoi, Monsieur, songez-vous bien quel attentat ce seroit de faire mourir deux Princes du Sang ?

LE DUC DE GUISE.

Oui, si leurs crimes étoient douteux, & que l'on pût croire qu'on a cherché à les perdre ; mais, Madame, leur condamnation est écrite dans le cœur de tous les vrais François, & le Royaume bouleversé demande leur mort.

LA REINE.

Il est vrai, leurs torts sont réels, & le peuple né

doit voir en eux que des séditieux : mais ce même peuple qui condamne leur révolte, verra leur supplice avec indignation.

LE DUC DE GUISE.

On est bien fort quand on a la justice pour soi.

LA REINE.

Non pas avec le peuple.

LE DUC DE GUISE.

Hé bien donc, puisque vous m'y forcez, que Votre Majesté envisage l'abysme qui s'ouvre pour Elle ; voyez le Roi mort, & la prison du Prince de Condé s'ouvrir ; voyez ce lion furieux se jetter sur vous, & vous prendre pour premiére victime de sa rage ; oubliera-t-il que vous l'avez attiré ici sur la foi des sermens les plus sacrés ? Que vous avez employé tout l'artifice, pardonnez-moi ce mot, & tous les dehors les plus trompeurs, pour l'engager à venir se livrer entre vos mains ? Qu'enfin, comme sa prison a été votre ouvrage, c'étoit vous qui le conduisiez à la mort si le Roi eût vécu ? Ah ! Madame, supposez le Prince de Condé l'homme du monde le plus doux, il faudroit qu'il fût le plus insensé, s'il ne vous mettoit pas hors d'état de lui nuire : il n'est pas question ici de vengeance, il s'agit de sa sûreté ; & on lui prouveroit aisément, s'il pouvoit hésiter, que votre mort importe au salut de sa personne..... Votre Majesté ne me répond point ? Le tems presse. *De Thou.*

LA REINE.

Duc de Guise, laissez-moi un moment à moi-même.

LE DUC DE GUISE.

Madame, ſongez qu'il ne s'agit pas moins que de votre vie & de votre grandeur.

SCENE IX.

LA REINE *ſeule.*

AVEC quelle adreſſe & quel faux air d'intérêt cet homme cherche à me perſuader ! Mais cependant tout ce qu'il me dit je le ſais comme lui, & il ne m'exagere rien..... Les Condés périront-ils ? Seront-ils mon ſoutien ? Ferai-je triompher les Guiſes ? Puis-je compter ſur leur parole ? Étrange alternative qui va décider du ſort de l'État, & où le danger du choix eſt preſque égal ! Madame de Montpenſier va me voir ; loin de lui laiſſer pénétrer ce que je penſe, ne lui montrons que le deſſein de conſommer la perte des Princes, & achevons de me déterminer, en comparant la force de ſes raiſons avec ce que je viens d'entendre. C'eſt elle.

SCENE X.

LA REINE, LA DUCHESSE DE MONTPENSIER.

LA REINE.

NON, Madame, il n'y a plus à balancer, il faut arrêter le Roi de Navarre, & qu'on le juge ainsi que le Prince de Condé; leurs crimes sont les mêmes, & ils doivent périr également

LA D. DE MONTPENSIER.

Madame, voilà une résolution bien subite, & Monsieur le Chancelier m'avoit donné d'autres espérances. Que peut vous avoir dit Monsieur de Guise qui balance la solidité de ses raisons? Ou plûtôt, comment les vaines terreurs qu'il a voulu vous inspirer, peuvent-elles vous persuader un crime véritable?

LA REINE.

Comment, ils ne sont pas coupables?

LA D. DE MONTPENSIER.

Non, Madame; au moins le Roi de Navarre, & vous n'avez pas oublié qu'après le tumulte d'Amboise, il poursuivit & tailla en piéces une troupe de séditieux qui s'étoient assemblés dans le Comté d'Agen...... Vous le joignez à son frere, parce que vous craignez son ressentiment s'il lui survit; *De Thou; Mezerai.*

mais cette crainte eſt-elle un motif ſuffiſant pour lui donner la mort? Votre Majeſté peut-Elle ſe diſſimuler qu'il n'a eu nulle part aux troubles & aux factions que l'on peut reprocher au Prince de Condé? Ah! Madame, loin de le faire périr en haine de ſon frere, il faut ſauver ſon frere à cauſe de lui.

LA REINE.

Mais ne connoiſſez-vous pas le Prince de Condé, ſon indépendance, ſes hauteurs?

LA D. DE MONTPENSIER.

Oui, je les connois; mais ſi ſon ame eſt impétueuſe, ſon cœur eſt généreux: à travers ſes tranſports, il ne ſe méprend pas à la main qui le frappe; & il ne vous regarde que comme l'inſtrument involontaire dont Meſſieurs de Guiſe ſe ſont ſervi pour le perdre.

LA REINE.

Ducheſſe, vous vous abuſez.

LA D. DE MONTPENSIER.

De Thou. Non, Madame, je ne m'abuſe point; je vous aime, & je vous répons de Meſſieurs de Condé. Mais Votre Majeſté veut-Elle bien que je l'éclaire ſur les motifs de Meſſieurs de Guiſe? Songez-vous qu'ils n'ont reſpecté juſqu'ici Votre Majeſté, & peut-être le Roi, que par la crainte du ſeul Prince du Sang qui pouvoit leur réſiſter? Je n'oſerois vous dire juſqu'où leur ambition les porte; faſſe le Ciel qu'un jour le Royaume ne l'éprouve pas! Mais penſez-vous quels ſeront Meſſieurs de Guiſe quand vous les aurez délivrés d'un ſi puiſſant obſtacle? Penſez-vous ce que vous ſerez vous-même, chargée d'un

crime

crime dont ils auront ſoin de vous renvoyer toute l'horreur, afin de n'en être pas coupables envers la Nation ? Les voyez-vous aſſurés tout-à-la-fois du Peuple par le prétexte de la Religion, des Troupes par le commandement qui leur en a été confié, & des Grands par la facilité de les corrompre avec les tréſors dont on les a rendus les dépoſitaires ? Que devient Votre Majeſté ſeule avec un enfant de dix ans ?..... Il eſt dangereux de laiſſer vivre les Princes, ſoit ; mais il eſt bien plus dangéreux d'armer des Étrangers, des hommes ſans principes & ſans patrie, & qui ne regardent la France que comme une conquête.

LA REINE.

L'agitation de mon ame eſt extrême ; je ne crains point les ſuites du parti que j'aurai pris quel qu'il ſoit, je compte pour rien les dangers ; mais je crains de me tromper, & l'irréſolution ſeule me gêne : vous m'offrez des inconvéniens de toutes parts, vous ne me préſentez point de remédes.

LA D. DE MONTPENSIER.

Il n'en eſt qu'un : de vous reconcilier ſur le champ avec le Roi de Navarre.

LA REINE.

Et comment ?

LA D. DE MONTPENSIER.

La choſe eſt plus avancée que vous ne le croyez ; je l'ai vû, je ſais ſes intentions, elles ſont auſſi droites qu'elles ſont nobles. Le Roi de Navarre vous abandonne toute l'autorité, ſous la ſeule condition *De Thou.*

de vous unir à ſon frere & à lui contre Meſſieurs de Guiſe.

LA REINE.

Mais ſon frere !

LA D. DE MONTPENSIER.

Il en répond : après tout, le Prince de Condé eſt condamné ; vous n'avez qu'à laiſſer agir ſes Juges, il n'a plus de reſſource : qu'il connoiſſe que vous lui ſauvez la vie, il y a encore un moment pour qu'il vous en ſache gré, & tant que le Roi vit ſon ſalut eſt votre ouvrage : mais après la mort du Roi, vous ſentez bien que lui & ſon frere vous devront moins ; c'eſt le ſentiment de Monſieur de l'Hoſpital : il a entretenu, ainſi que moi, le Roi de Navarre ; il eſt prudent, il voit bien, & il vous parle par ma bouche, pour ne pas donner d'ombrage à Meſſieurs de Guiſe en ſe montrant ici trop ſouvent.

De Thou.

LA REINE.

Je veux entretenir le Roi de Navarre.

LA D. DE MONTPENSIER.

Ce Prince vous conſeille de hâter la marche du Connétable qui ne s'avance que lentement vers cette Ville, afin que par ſa préſence & par le droit de ſa Charge, il faſſe ceſſer ici tout autre commandement que le vôtre.

De Thou, Mezerai, Daniel.

LA REINE.

Il faut que je le voye, & que je juge par moi-même de ſes diſpoſitions.

LA D. DE MONTPENSIER.

Vous en ſerez contente.

LA REINE.

Nous verrons.

SCENE XI.

Le Théatre représente la Tour où le Prince de Condé est prisonnier ; toutes les fenêtres sont grillées, & sa chambre n'est éclairée que par une lampe.

LE PRINCE DE CONDÉ *seul.*

VOILA donc où tout aboutit ! Me voilà parvenu à ce terme si redouté !.... Tous les hommes l'attendent, & moi je m'y suis précipité ! A trente-neuf ans.... mon histoire est finie ! Je vais grossir la foule des Princes qui ont vécu ; à peine se souviendra-t-on de moi, & peut-être me confondra-t-on avec les autres hommes de ma race...... Vanité des choses périssables ! On bâtit sur l'avenir, c'est-à-dire sur ce qui n'est pas encore, sur le néant..... Qu'est-ce, après tout, qu'il me faut quitter ? Une vie pénible & traversée. A quoi me faut-il renoncer ? A des espérances qui ne se réalisent point. Le Soleil renaît tous les jours, & il ne me ramene jamais ce que j'attens. Que pourrois-je regreter ? Hélas ! Une femme aimable, & qui ne vivoit que pour moi ; une femme que mes égaremens n'ont jamais détachée de moi un seul instant ! Ainsi donc je n'ai à perdre que le ſeul objet qui pouvoit me rendre heureux, & le ſeul que je n'ai pas ſû poſſéder ! Et toi, mon unique eſpérance, toi, mon fils, en qui je me voyois renaître, toi que peut-être je n'aurois fait qu'égarer, puiſſes-tu profiter de mon malheur, & reconnoître qu'il n'y a que deux biens ſolides en ce monde, d'être fidéle à ſon Dieu & à ſon Roi ! Mais quoi, mes Juges auront-ils bien l'audace de me condamner, & les Guiſes la témérité de me faire périr ? Voici le moment où je vais apprendre mon ſort ! J'entens quelqu'un.

SCENE XII.

LE PRINCE DE CONDÉ, MARILLAC.

LE P. DE CONDÉ.

C'EST vous, Marillac ! Hé bien.... vous ne me répondez pas, & vous pleurez ? C'en eſt donc fait !.... Permettez-moi d'écrire un mot à la Princeſſe de Condé..... [*Il s'aſſied pour écrire, & dans le moment il apperçoit une lettre ſur la table.*] Que vois-je ? Ouvrons. [IL LIT.] *Les choſes ont bien changé; on travaille pour vous, eſpérez tout de la Reine.* Quel eſt l'ange tutélaire qui a percé l'horreur de ma priſon ? Ah ! Marillac.

Varillas.

MARILLAC.

Seigneur, je l'ignore; mais ce qui ſe paſſe pourroit expliquer ce que l'on vous écrit. Le Roi est fort mal, & on n'en attend plus rien : on a hâté l'Arrêt de votre condamnation, (*a*) mais vos Juges différent de le signer : Messieurs de Guise paroissent remplis de terreur, & la Reine garde le silence.

LE P. DE CONDÉ.

Voyez-la s'il est possible, & dites-lui que si j'ai fait des fautes, je suis en état de les réparer, qu'elle compte sur ma parole ; assurez-la que je regarde comme mes ennemis ceux de l'État, & les siens.

SCENE XIII.

LE ROI DE NAVARRE, LE PRINCE DE CONDÉ, MARILLAC.

LE ROI DE NAVARRE.

SEIGNEUR, le Roi est mort (*b*) ; vous étes libre, & vos ennemis sont confondus. Venez voir la

(*a*) Le Laboureur rapporte que Louis de Beuil Comte de Sancerre, refusa de signer l'Arrêt, & que le retardement que cela causa aida au salut du prisonnier : d'autres veulent que le Chancelier & le Président Guillard-du-Mortier différerent de signer pour la même raison ; mais M. de Thou qui me décide ordinairement dans les faits incertains, croit que l'Arrêt de mort fut dressé, & non signé.

(*b*) François II. mourut le 5. Décembre. On ne sauroit mieux peindre les courtisans d'alors, ni mieux faire sentir combien l'ambition avoit amorti tous les sentimens, que de raconter ce qui se passa à la mort de ce Prince. C'est Mezerai qui parle. » Tous les Grands de la Cour étoient » si occupés à leurs propres affaires, que ni sa mere, ni ses oncles ne pri-

Reine, venez lui rendre grace d'une vie qu'elle vous a conservée, & que vous ne devez plus perdre que pour elle.

» rent le soin de ses funérailles. De tant de Seigneurs & de tant d'Evê-
» ques qui étoient à Orléans, il n'y eut que Sansac & la Brosse qui
» avoient été ses Gouverneurs, & Louis Guillard Evêque de Senlis,
» qui étoit aveugle, qui conduisirent son corps à Saint Denis. Son
» cœur demeura à l'Eglise de Sainte Croix d'Orléans. Les Guises
» s'excusérent de ne l'avoir pu accompagner, sur le besoin qu'ils
» avoient de demeurer auprès de leur niéce pour la consoler; mais ils
» ne furent pas exemts de reproche : ceux qui avoient plus de senti-
» mens d'honneur que d'ambition, les blâmoient de rendre si peu de
» devoir à celui dont ils avoient reçû tant d'honneur. Aussi se trouva-
» t-il un billet attaché sur le poele du cercueil, où il y avoit ces
» mots, *Tannegui du Chastel, où es-tu?*

Nous trouvons l'explication de ces mots dans l'Histoire de Bretagne de d'Argentré. » Voyant les Officiers la fin du Roi Charles VII.
» s'approcher, & connoissant qu'ils venoient à tomber entre les mains
» d'un Prince fort soupçonneux, tous abandonnérent le Roi Char-
» les VII. dès son vivant, l'un après l'autre, tellement qu'à grand
» peine il en demeura pour son service ordinaire, ne lui en restant
» qu'un seul fidéle, loyal & ferme, qui fut Messire Tannegui du
» Chastel Grand Ecuyer de France, lequel, au péril de ce qui en
» pouvoit advenir, se tint à son service, & l'accompagna jusqu'à la
» fin, &c.

FIN.

NOMS DES AUTEURS qui servent à l'autorité des faits contenus dans cet Ouvrage.

BRANTOSME.

DE THOU.

LA PLACE.

LA PLANCHE.

MEMOIRES DE CONDÉ.

CASTELNAU.

LE LABOUREUR, *sur Castelnau.*

NOTES *sur la Confession de Sancy.*

JOURNAL DE L'ETOILE.

MEMOIRES DE LA LIGUE.

MEMOIRES DU DUC DE NEVERS.

LA VIE *des graves & illustres personnages, &c. par* JEAN LE CLERC.

MEZERAI.

VARILLAS.

DANIEL.

CHALON.

LE GENDRE.

BAYLE.

SIMPLICIEN.

www.ingramcontent.com/pod-product-compliance
Ingram Content Group UK Ltd.
Pitfield, Milton Keynes, MK11 3LW, UK
UKHW020252180726
13839UKWH00001B/301

9 782329 575018